이 책은 디지털 선두 기업의 CEO가 들려주는 디지털 시대의 정확한 상황 인식과 유용한 생존 지침들, 그리고 각 산업에서 디지털 문화를 어떻게 적용해야 하는지에 대한 명쾌한 솔루션을 담고 있다. 이 시대에 절대적으로 필요한 '프로'들의 자기 계발을 위한 바이블로서 반복해서 읽을 가치가 충분하다.
– 박민환(KAIST 생명화학공학과 박사 과정 3년)

단번에 끝까지 읽어 내려갈 수 있도록 흥미롭게 전개된 책이다. 곳곳에 다양한 글들이 있어 지루하지 않다. 저자가 제안한 디지털 시대의 지성과 도덕성을 갖춘 균형 잡힌 인재상에 특히 공감한다. 연구 분야에 종사하고 있는 나에게는 업무 성과를 높이기 위한 저자의 전략이 매우 큰 설득력으로 다가온다.
– 문현수(KIST 연구원, 공학박사)

이 책은 단순한 리더십을 얘기하는 것이 아니라 급변하는 현대 문명 속에서 지도자로서, 리더로서 설 수 있는 방법에 대해 실질적인 조언을 하고 있다. 프로페셔널한 그의 삶을 통해 검증된 지혜와 통찰력을 제시하고 있다.
– 임수경(하남정보산업고등학교 과학 교사)

세계 100대 IT 리더 김홍기가 들려주는
디지털 인재의 조건

세계 100대 IT 리더 김홍기가 들려주는

디지털 인재의 조건

김홍기 지음

www.book21.co.kr

대학을 졸업하고 사회에 나온 지 어언 35년의 세월이 흘렀다. 나는 상과대학에서 경영학을 공부했고, 졸업 후에는 ROTC 7기생으로 임관하여 육군 전투 발전사령부 통역 장교와 행정학교 영어 교관으로 군 복무를 했다.

군 제대 후에는 중소기업은행에서 평범한 은행원으로 직장 생활을 시작했다. 그로부터 27년의 시간이 흐른 후, 나는 삼성 SDS의 CEO가 되었다. 금융 전문가가 아닌 IT(Information Technology) 전문가가 된 것이다.

선진국들이 150년 가까이 걸려 이룩한 산업화의 과정을 30여 년에 압축해서 경험한 우리나라는 1968년 처음으로 통계청에 컴퓨터가 들어온 이래 IT 분야에서 반도체, 브라운관, 휴대 전화, LCD 등의 세계 명품을 창출해 내며 세계 최고의 정보 인프라를 구축하는 등 제2의 '한강의 기적'을 일구어 냈다. 이렇게 숨가쁘게 전개되어 온 산업화 과정과

발 빠른 정보화 사회로의 진입은 우리의 직업 세계에도 엄청난 변화를 가져다 주었다.

나 자신도 그러한 소용돌이 속에 있었다. 내가 대학을 다니던 시절에는 IT 관련 학과는 넓게 보더라도 공과대학의 전기학과나 전자학과, 혹은 문리대학이나 사범대학의 수학과, 통계학과밖에 없었다. 나는 정말 컴맹이었다.

1974년으로 기억된다. 공과대학을 나온 친구들을 만나면 코볼(COBOL), 포트란(FORTRAN), 어셈블러(ASSEMBLER) 등 이상한 말들을 하는데, 무슨 얘기인지 물어보면 "상과대학 출신은 설명을 해줘도 모른다"는 반응이었다. 하지만 만날 때마다 그런 얘기를 하길래 계속해서 물었더니, "컴퓨터라는 것이 있는데, 상과대학 출신이 하기에는 어렵겠지만 1~2년 배워 두면 나쁘지는 않을 것이다"라고 했다.

다음해, 대리로 승진하면서 나는 은행 내의 전산 부서로 보내 달라고 상사에게 간청했고, 같은 해 2월 나와 컴퓨터의 첫 만남이 이루어졌다. 나는 그 세계로 빨려 들어가기 시작했다. 시스템 프로그래머가 되어 공부하는 재미에 날 새는 줄 몰랐고, 은행의 온라인 예금 관리 시스템 구축과 같은 값진 업무 경험도 할 수 있었다.

삼성그룹과 인연을 맺은 것은 1978년의 일로, 제일모직의 자료처리과장이 되었다. 그 후 전산부장, 기획실장을 거쳐 1989년에 임원이 되면서 삼성전자로 자리를 옮겨 삼성전자 정보 시스템의 기틀을 다지는 역할을 담당했다. 1991년에 삼성SDS로 가서는 SM(System Management)본부장과 SI(System Integration)본부장 등을 역임하면서 해외 시장 개척을 위해서도 열심히 뛰었다.

학창 시절에는 상상도 하지 못했던 길로 들어서게 된 나는 그 동안 쓰라린 경험도 많이 했고, 진로 선택을 후회한 적도 여러 번 있었다. 하지만 훌륭한 상사들과 좋은 후배들을 많이 만난 덕분에 어려운 고비도 무사히 넘길 수 있었다.

나는 현장에서 프로페셔널의 세계를 보았다. 그 동안 배우고 느낀 점들, 그리고 스스로 미흡했었다고 생각되는 아쉬운 점들을 모아 장래가 촉망되는 후배들에게 전하고자 한다.

제1부에서는 우리를 둘러싼 혼돈스러운 환경 변화와 그와 함께 변화하는 직업 세계의 새로운 모습을 조망해 보았다. 제2부에서는 디지털 시대의 조류 변화와 시사점, 디지털 시대가 요구하는 인재상을 다루었다. 그리고 제3부에서는 업무 성과를 극대화하는 방법과 더불어 효율적인 자기계발 방법에 대해 생각해 보는 장으로 꾸몄다. 끝으로 제4부에서는 차 한 잔 마시며 자신을 돌이켜보자는 의미에서 우리의 가치관과 관련된 '차 한 잔의 이야기'들을 수록했다.

이 책은 많은 참고 자료와 서적, 그리고 내가 사회 생활을 하면서 현장에서 보고 느낀 여러 유형의 경험을 토대로 후배들에게 들려주고 싶은 이야기를 담은 것이다. 디지털 시대의 변화상에 대한 내용은 주로 기업의 CEO들을 대상으로 했던 강의 내용에 바탕을 두었고, 바람직한 인재상과 일하는 방법에 대한 부분은 사회 생활을 앞두고 있는 대학 재학생이나 이제 막 사회에 첫발을 디딘 신입 사원들에게 들려 주었던 내용이 주축을 이루었다.

그 밖에 오랫동안의 기록과 생각을 바탕으로 정리한 내용이 많아 자료의 출처를 제대로 밝히지 못한 부분이 있음을 실토하고, 관련되는 분들의 넓은 양해가 있으시기를 바란다. 아울러 이 책의 집필에 주로 참조한 서적은 뒤에 '권하고 싶은 책'에 담아 두었으니 독자들께서는 참고하시기를 바란다.

이 책의 준비에 많은 도움을 준 신성우 박사와 신재훈, 최명경, 유연빈 군, 그리고 조미영 양에게 충심으로 감사 드린다.

아울러 시대 변화에 맞추어 계속해서 변화를 모색하고 있는 아이들과 오랜 세월을 인고(忍苦)하며 도와준 아내에게 작은 선물로 이 책을 전하고 싶다.

2003년을 보내는 겨울의 길목에서

차례

제1부 | 급변하는 디지털 세상

혼돈의 시대

시계 혼미(視界昏迷)의 세상

기업 경영의 투명성이 강조되고 있는 가운데 한 치 앞을 내다보기 어려운 혼돈의 시대가 전개되고 있다. 테러와 사스(SARS)의 영향으로 여행객이 급감하여 항공 산업과 여행 업계가 엄청난 타격을 입고 있으며, 세계 교역 또한 위축되고 있다. 이라크 전쟁으로 유가가 치솟고, 금값도 요동친다. 2003년 6월, 일본에서는 은행 간 콜금리가 마이너스 0.01%를 기록하여 돈을 빌려 주는 측이 빌리는 측에게 웃돈을 얹어 주는 희한한 사태까지 나타났다. 몇몇 기업의 분식회계가 세계 증시를 강타하고, 선진국 증시의 흐름과 외국인 투

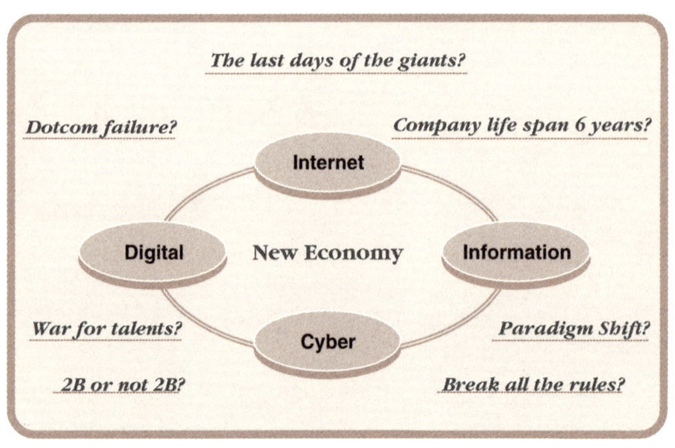

자자의 작은 움직임에도 국내 증시는 일희일비(一喜一悲)한다. 기업이든 개인이든 앞을 내다보고 선뜻 투자를 결정하기가 매우 어려운 혼미한 상황이 전개되고 있다.

스탠 데이비스(Stan Davis)와 크리스토퍼 메이어(Christopher Meyer)는 이 시대를 'Blur의 시대' 라고 부르고 있다. 'Blur' 란 '흐리다' 는 뜻으로, 사진을 찍었을 때 앞쪽의 사물은 선명하지만 뒤쪽은 희미하게 보이는 것을 말한다. 신 경제의 전반부는 컴퓨터의 활용이 정보의 사후(事後) 처리를 중심으로 움직이던 시대였지만, 후반부는 모든 것이 실시간으로 처리되면서 모호해지는 시대라는 것이다.

디지털 인재의 조건

대기업 시대의 종말?

산업화 시대는 단위당 생산원가를 최대한 낮추어서 많이 만들어 많이 파는 것이 기업의 위력을 상징하던 시대로, 대부분의 기업들은 외형을 키우는 데 주력했었다. 전반적으로 물자가 부족하여 공급이 수요를 쫓아가지 못하던 시대였으므로 만들기만 하면 팔렸던 것이다. 그러나 이제는 '대기업은 안 되는 시대'라고들 한다. 관료적이고 느려 터져서 변화에 대한 적응력이 떨어지는 데다가 자만심에 빠지기 쉬워 발 빠른 경쟁자에 의해 도태될 가능성이 크다는 것이다.

우에노아끼라(上野明)는 동맥 경화에 비유한 대기업병의 증상으로 말단혈행불순(末端血行不順), 변화대응신경마비, 군살비대화, 조직자폐증(組織自閉症), 회의과다증, 빈발성사내실업(頻發性社內失業), 무기력안심증(無氣力安心症) 등 7가지 증상을 들고 있다. 그러나 이런 지적과는 상반된 현상이 여러 곳에서 동시에 대두되고 있다. M&A(Merger and Acquisition, 인수합병), A&D(Acquisition and Development, 인수개발) 열풍이 바로 그것이다.

최근 몇몇 업종에서는 세계적으로 5개 내외의 기업만이 살아남을 것이라는 위기의식 속에 몸집 불리기가 한창이다. 자동차업계에서는 벤츠와 크라이슬러(Chrysler), 통신업계에

서는 보다폰 에어터치(Vodafone-Air Touch)[1]와 만네스만
(Mannesman), 석유업계에서는 엑손(Exxon)과 모빌(Mobil), 아
모코(Amoco)와 브리티시 페트롤리엄(British Petrolium), 제약
업계에서는 화이자(Pfizer)와 워너램버트(Warner-Lambert), 미
디어 분야에서는 AOL과 타임워너(Time Warner)가 대규모
합병을 이루었다. 다이이치칸교(第一勸業), 후지(富士), 니혼
코교(日本興業) 등 3개 은행이 통합되어 총 자산 세계 1위의
미즈호 파이낸셜그룹(Mizuho Financial Group)을 이루었으며,
스미토모(住友)은행과 사쿠라은행(Sakura Bank)이 합병되어
세계 2위 규모의 미쓰이스미토모(三井住友)은행이 탄생되었
다. 시스코(Cisco) 역시 벤처 기업으로 출발하여 6년 만에 51
개의 기업을 A&D함으로써 급성장한 회사이다. 기술과 인
력 등 기업 역량을 조기에 확보하기 위한 목적으로 A&D 열
풍이 불고 있는 것이다.

대기업은 시대의 흐름에 맞지 않는다고 하면서도 규모를
키우지 않으면 살아남지 못한다는 상반된 논리가 병존하는
참으로 혼란스러운 세상이다.

Dot com failure?

사이버 시대가 열리면서 차별화된 아이디어만 있으면 온

라인 기업을 설립할 수 있는 세상이 열렸다.[2] 많은 자본과 공장 설립, 설비 도입이 전제가 되었던 산업 사회의 기업 형태가 새로운 모습을 띠기 시작한 것이다. 인터넷 열풍으로 수많은 온라인 기업이 탄생했고, 투자자들이 벌 떼처럼 몰려들었다.

그런데 몇 년 지나지 않아 각광을 받던 수많은 온라인 닷컴(Dot-Com) 기업들이 문을 닫았다. 나스닥 지수는 2000년 3월 10일 5048로 최고치를 기록한 이후 3년후인 2003년 3월 12일 1271로 75% 폭락했고, 실리콘밸리(Silicon Valley)에서는 2000년 하반기부터 폐업이 러시를 이루어 2002년 중반에는 매달 50개 이상의 인터넷 기업이 사라졌다. 이에 따라 '닷밤(Dot-Bomb; 닷컴의 무더기 도산)'이라는 신조어도 생겨났다.

우리나라의 경우도 다를 것이 없다. 코스닥 지수는 2000년 3월 10일 283.44의 최고치에서 2003년 3월 17일 34.64로 88%나 폭락했고, 벤처 기업 수도 2002년 말에는 8778개로서 2001년 말 대비 23% 감소했다. 기업 가치는 80% 이상 폭락했고, 어제의 '묻지마 투자'는 이제 '묻지마 투자 기피'로 돌변해 버렸다. 인터넷 환상의 거품이 사라지고, 빌 게이츠(Bill Gates)의 이야기처럼 닷컴 기업은 다음과 같이 3단계로 진화하고 있는 듯하다.

1단계 – Presence: 인터넷, IT라는 말만 들어가도 각광을
받던, 존재 자체가 관심의 대상이 되는 초기 단계

2단계 – Revenue: 매출을 올려서 유망한 비즈니스 모델
로서의 가치를 인정받는 단계

3단계 – Profit: 수익성 있는 사업임을 입증하여 건전한
기업의 면모를 갖추는 단계

미국의 경우 애완용품 온라인 판매 사이트인 펫츠닷컴
(Pets.com), 온라인 식품 회사인 웹반(Webvan), 온라인 주문
을 받아 온갖 상품을 한 시간 내에 배달해 준다던 코즈모
(kozmo) 등이 사라진 반면, 아마존(Amazon)과 이베이(e-Bay)
등 2~3단계에 이른 기업들은 선전(善戰)을 하고 있다.

우리나라의 경우에도 닷컴 열풍을 불러일으켰던 많은 벤
처 1세대들이 줄줄이 퇴진했다. 반면에 이해진(NHN 공동대
표이사사장), 김택진(엔씨소프트 대표이사사장), 이재웅(다음커뮤
니케이션 대표이사사장) 등은 회사를 안정적인 기반 위에 올려
놓으면서 닷컴 1세대들의 건재함을 과시하고 있다.

기업 수명은 5~6년?

20여 년 전에 일본에서 '기업 수명은 30년' 이라는 보고서

가 나와 재계에 커다란 충격을 준 적이 있다. 우리나라의 경우도 1965년의 100대 기업 중 2000년까지 살아남은 기업은 16개에 불과하다.[3] 하지만 이제는 '기업 수명 5~6년설(說)'까지 대두되고 있다. 기업 설립도 급증하고 있지만 반면에 문 닫는 사이클도 짧아지고 있는 것이다.

기업의 성쇠 사이클을 설립, 성장, 안정, 쇠퇴기 등으로 나누었을 때, 설립 시점부터 성장의 정점까지를 기업의 '반감기(半減期)'라고 한다. 그런데 인터넷 브라우저 시장을 선도했던 넷스케이프(Netscape)의 경우 반감기는 2년에 불과했다. 1994년 설립, 1995년 상장, 1998년 AOL에 매각되는 등 숨가쁜 변화를 겪으며 4년 만에 사라져 버린 것이다. 기업의 성쇠는 이렇게 급물살을 타고 있다.

우리나라의 경우 2001년 1만 1392개로 최고를 기록했던 벤처 기업 수는 2002년 들어 월별로 평균 200여 개씩 줄어들다가 그 해 12월에는 2년 전 수준으로 돌아갔다. 수명이 2~3년도 안 되는 기업도 우리 주변에서 많이 찾아볼 수 있다.

인재 전쟁

산업 간 인력 수급의 불균형 현상이 심화되고 있다. 우리나라의 경우 건설업계는 40여 만 명이 실직 상태에 있고, 정보통신업계는 인력 부족 현상이 심각한 상황이어서 2005년이 되면 14만 명이 부족할 것이라는 전망이다. 미국도 IT 인력이 35만 명이나 부족한 상황이다.

구직자는 취업이 어렵다고 입을 모은다. 반면에 많은 기업들은 인재난에 봉착해 있다. 세계적인 컨설팅 회사 맥킨지(Mckinsey & Co.)는 작금의 경제 전쟁을 가리켜 그 핵심은 '인재 전쟁(The war for talent)' 이라고 말하고 있다. 삼성의 이건희 회장은 "디지털 시대는 총칼이 아닌 사람의 머리로 싸우는 '두뇌 전쟁' 의 시대라고 할 수 있다. 뛰어난 인재가 국가와 기업의 경쟁력을 좌우하게 될 것이므로 디지털 시대를 이끌어 갈 경영 인력, 기술 인력을 체계적으로 육성해 나가는 한편, 그런 인재들이 창조적 능력을 마음껏 발휘할 수 있는 '두뇌 천국' 을 만드는 데 힘을 쏟아야 한다."고 역설하고 있다. 다가올 지식 기반 경제 체제에서는 탁월한 인재를 얼마나 확보하고 양성하느냐에 따라 기업의 존망이 결정된다는 것이다.

기업들의 인재 전쟁이 가장 치열한 분야는 핵심 인재 스카우트이다. 특히 해외 유학파 가운데 연구개발(R&D)과 글로벌 마케팅 분야의 인력이 표적이 되고 있다. 덕분에 선진국 내 한국계 기술 인력과 MBA의 몸값이 천정부지로 치솟았다는 얘기도 나온다.

 디지털 인재의 조건

기업 임원들은 핵심 인력을 확보하기 위해 미국 유수 대학을 방문하여 우수 해외 유학생들에게 입사를 권유하고 있으며, 삼성은 연말 사장단 고과에 우수 인재 확보 실적을 반영하고 있다. '인적 자본(Human Capital) 관리에 실패한다면 회사의 운명도 다할 것'이라는 GE의 잭 웰치(Jack Welch) 회장의 말처럼 인적 자본이 얼마나 소중한지를 깨닫는 것이 성공의 열쇠가 될 것이다.

2B or not 2B

저 유명한 햄릿의 독백 'To be or not to be'가 '2B or not 2B'라는 괴이한 표현을 만들어 냈다. B2B(Business to Business; 기업 간 전자상거래)를 제대로 하지 못하는 기업들은 이제 문을 닫아야 한다는 의미이다.

텍사스 오스틴대학(University of Texas at Austin)의 윈스턴(Winston) 교수는 전자상거래(EC; Electronic Commerce)를 '네트워크를 통한 상품의 구매와 판매'로 정의하고 있다. '전자상거래'란 넓은 의미로 기업이나 소비자가 컴퓨터 통신망 상에서 행하는 광고, 상품과 서비스의 발주와 구매 등 유·무형 오퍼(Offer)의 교환과 관련된 모든 경제 활동을 뜻한다. 그러나 흔히 말하는 전자상거래는 인터넷을 통해 소비자와 기업이 상품과 서비스를 사고파는 협의의 개념이다.

이러한 전자상거래는 이제 유형 재화의 상거래는 물론 금융과 콘텐츠 등에 이르기까지 인터넷 가상 공간(Cyberspace)을 통해 시간적, 공간적 한계를 뛰어넘어 이루어지기 때문에 오프라인 중심의 경제 체제에 혁명적 변화를 불러오고 있다.

또한 e-비즈니스(e-Biz; Electronic Business)는 자재 조달,

- **전자상거래**
전통적인 상거래와 달리 컴퓨터와 네트워크라는 전자적 매체를 통해 상품과 서비스를 교환
- **e-비즈니스**
정보기술 인프라, 네트워크 및 어플리케이션을 사용하여 전자상거래, 고객 관계/지식/공급망 관리를 사내 및 사외 업무 프로세스와 통합

e-Business의 범위

Electronic: eCommerce +CRM+SCM+BI+KM+CT

Business: 엔지니어링+생산+ 마케팅+물류+서비스 +관리

전자상거래의 범위

- CRM(Customer Relationship Management): 차별화된 서비스로 고객 충성도를 제고하여 지속적인 이윤 창출 도모
- SCM(Supply Chain Management): 수요 변화를 반영하여 자재 구매부터 판매까지의 자원 운용 최적화 추구
- BI(Business Intelligence): 축적된 데이터로부터 숨겨진 지식을 발굴, 미래 전략으로 연결하려는 시도
- KM(Knowledge Management): 조직 구성원 간에 지식을 공유함으로써 생산성 향상과 경쟁력 강화 도모
- CT(Collaboration Technologies): 정보기술을 이용하여 협력업체와 실시간으로 유기적인 연계 도모

제품 판매에 수반되는 비용을 획기적으로 절감할 수 있게 할 뿐 아니라 글로벌 네트워크 경영의 실현 도구로서 기업을 핵심역량 중심으로 재편하게 하는 등 새로운 부가가치를 창출하게 한다.

대표적인 예로, 은행 거래 건당 비용을 보면 창구 거래 1.07달러, 전화 0.54달러, ATM(Automatic Teller Machine) 기기 0.27달러, PC뱅킹 0.02달러, 인터넷뱅킹 0.01달러로, 창구 거래와 비교했을 때 인터넷을 사용할 경우 100배의 효율이 있는 것으로 분석된다.[4]

GE의 경우, 인터넷을 기반으로 하는 e-비즈니스가 기업의 사업 방식을 완전히 변화시킬 것임을 인식하고 모든 사업의 e-비즈니스화에 착수했다. 그리고 1999년에는 e-비즈니스를 모든 구성원들이 실행해야 하는 핵심 전략 과제로 삼고, 각 사업 부문에 e-비즈니스 전담 조직을 신설했다. GE는 e-비즈니스를 통해 직접적인 수익을 창출하기보다는 생산성 향상과 함께 고객들에게 보다 효율적인 서비스를 제공할 수 있는 경쟁 우위를 확보하는 데 더 큰 역점을 두고 있다.

스탠포드대학(Stanford University)의 하임 멘델슨(Heim Mendelsohn) 교수는 "e-비즈니스는 오프라인 비즈니스를 더 잘하기 위한 것이다. e-비즈니스가 시작되면서 기존 비즈니스에 변화를 주고 있지만, 새로운 분야보다는 현존하는 사업을 보조하고 지원해 주는 것이 성공 가능성이 더 높다."
라고 말하고 있다. 이제 우리 산업 전반의 '고비용 저효율'
구조를 탈피할 수 있는 전략 수단으로서 e-비즈니스를 바
라보아야 할 때인 것이다.

e-비즈니스의 진화

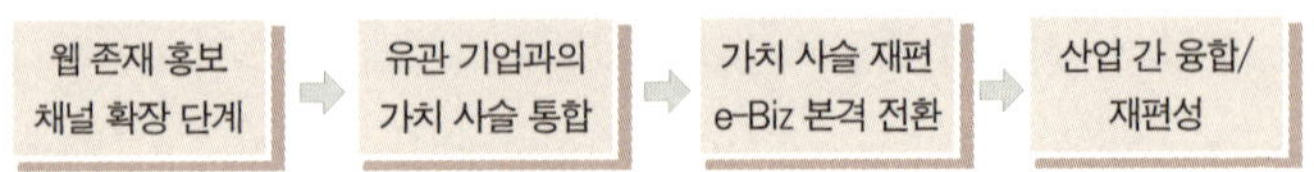

국내 인터넷뱅킹

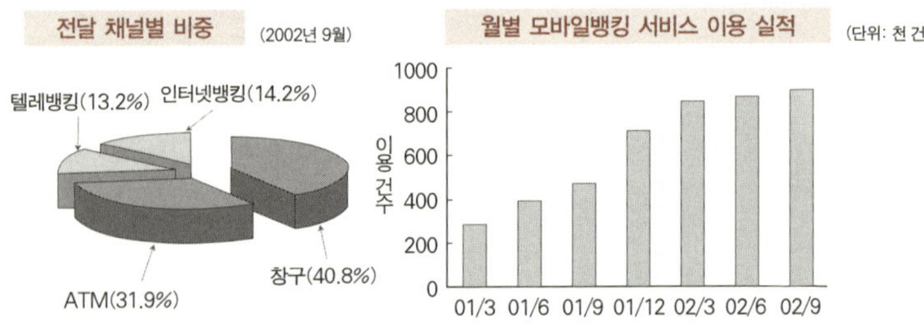

MSDW(Morgan Stanley Dean Witter) 2003년 전망

	미국(억 달러, %)		유럽*(억 유로, %)	
	거래 규모	온라인 매출 비율	거래 규모	온라인 매출 비율
인터넷뱅킹	2350	20	1580	33
증권 거래	320	38	–	–
신용카드	40	30	40	19
자동차보험	180	15	110	13
주택 대출	1470	15	370	6
생명보험	10	15	90	2
합계	〉5000	–	〉4420	–

* 영국, 독일, 프랑스, 이탈리아, 스페인, 스웨덴, 폴란드 등 8개국

 디지털 인재의 조건

e-비즈니스의 진화를 기업의 e-Transformation 단계로서 이해해 보면 다음과 같다. 첫번째인 '채널 확장 단계'는 웹을 통해 기업을 소개하고 상품과 서비스를 알리는 단계이며, 2단계인 '가치 사슬 통합 단계'는 기존 고객과 공급선을 인터넷으로 연결하여 업무를 효율화하는 단계로서 거래선 간 프로세스를 통합하고 실시간으로 정보를 공유한다. 3단계인 '가치 사슬 재편 단계'는 기존 산업 내에서 핵심역량을 강화하고 비핵심 부문을 아웃소싱하여 경쟁력을 강화하는 단계로서, 세계적 기업과 연계하고 기업 간 네트워크를 형성하게 된다. 시스코가 R&D와 마케팅에 집중하고 타 부문은 아웃소싱하는 것을 예로 들 수 있다.

마지막으로, '산업 간 융합 단계'는 e-비즈니스를 통한 기업 간 협업으로 업종 융합이 일어나고 고객을 상호 공유하는 단세이다. AOL이 타임워너와 합병하고 〈뉴욕타임스(The New York Times)〉 등과 제휴하여 다양한 콘텐츠를 제공하는 서비스 회사로 변신하고 있는 것 등이 이에 해당된다.

패러다임의 변화

공급자 중심에서 수요자 중심으로

산업 시대의 '공급자 중심 논리'가 뒤바뀌고 있다. 공급이 수요를 쫓아가지 못하던 예전에는 누가 싸게 많이 만들어 대량 판매를 할 수 있을 것인가에 기업 경영의 초점이 맞추어져 있었고, 설탕이나 옷감 등과 같은 생필품의 일부 업종에서는 대리점들이 현금을 들고 줄을 서곤 했었다. 당시에는 '고객'이라는 용어조차도 거론되지 않았었다.

그러나 이제는 모든 것이 '수요자 중심'으로 바뀌었다. 많은 산업 분야에서 공급이 수요를 초과하고 다양한 정보를 접할 수 있게 됨에 따라 주도권이 수요자인 고객 쪽으로 넘어오게 된 것이다.

중장기 계획의 무용론

기업 세계에서는 5년, 10년 등의 중장기 계획을 짜 놓고 매년 이를 상세하게 풀어서 경영을 하면 짜임새 있게 경영을 잘할 수 있다는 얘기를 하곤 했다. 그런데 요즘에는 중장기 계획 무용론이 등장하고 있다. 지금처럼 변화가 빠른 세상에서 중장기 계획이 무슨 의미가 있느냐는 것이다.

'대마불사'는 옛말

'대마불사(大馬不死)'도 이제는 옛이야기가 되어 버렸다. 1997년 IMF 지원 사태를 겪으면서 국내 30대 기업 그룹 가운데 17개 그룹이 도산 위기에 봉착하고 말았다. 예전에는 금융 기관이 망한다는 것은 상상할 수도 없는 일이었다. 그러나 이제는 이 또한 예외가 될 수 없다.

1997년 말에는 우리나라에 은행 33개, 종금사 30개가 있었다. 그러나 IMF의 BIS[5] 기준 준수 의무화에 따라 부실 금융 기관이 정리되면서 이제는 각각 25개, 12개로 줄어드는 등 금융 기관 167개가 갑자기 사라지고 말았다. 이미 신한 지주에 넘어간 조흥은행이 2006년 신한은행과 통합이 이루어지면 소위 5대 시중 은행이었던 은행들은 이미 외국인에게 넘어간 제일은행을 제외하고는 모두 사라진 형국이 되고 마는 것이다.

기업 가치의 척도

전통적으로 기업의 3대 자원은 3M(Man, Machine, Material)이었다. 하지만 정보화 사회의 도래로 정보와 지식 등 '무형 자산' 의 중요성이 증대되고 있다.

일례를 들어 보자. 아메리칸에어라인(American Airlines, Inc.)의 계열사 가운데 모기업보다 기업 가치가 5배나 높은 기업이 있다. 바로 온라인 예약시스템(Online Reservation System)을 가진 세이버(Saver)라는 회사이다. 그러니까 비행기 700대에 종업원이 10만 명이나 되는 아메리칸에어라인보다도 세이버라는 온라인 예약시스템의 가치가 더 큰 것이다. 비행기 1대로 3개 노선, 5개 노선에 투입할 수는 없지만 시스템이라는 것은 모든 노선, 모든 항공사에 적용될 수 있기 때문에 결국에는 이런 격차가 생기게 되는 것이다.

과거 한때 은행 간에는 '점포 수 늘리기' 경쟁이 있었다. 그러나 이제는 "점포 수가 적은 은행이 오히려 경쟁력이 높은 은행이다"라는 애기를 은행원들로부터 듣는 시대가 되었다. 역설적인 이야기일 수 있지만, '뭉치면 살고 흩어지면 죽는다'는 말이 더 이상은 통하지 않는다는 것이다. 나눌 수 있다면 되도록 나누어서 경영해야 한다. 속도가 생명이기 때문이다.

Break all the rules

제임스 마틴(James Martin)은 저서 『사이버기업(Cybercorp)』에서 다음과 같이 역설했다.

"이제 모든 기업은 정글의 생물체처럼 움직이지 않으면 다 죽는다. 정글의 생물체들을 보라. 그들은 환경 변화에 항상 촉각을 곤두세우고 어떤 변화가 감지되면 도망을 가든 색깔을 바꾸든, 무슨 짓을 해서라도 살아남으려고 노력한다. 이것이 정글의 세계이다."

환경 변화에 능동적으로 대응해 나가는 기업만이 '시장'

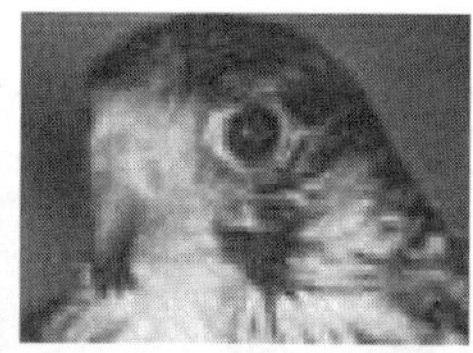

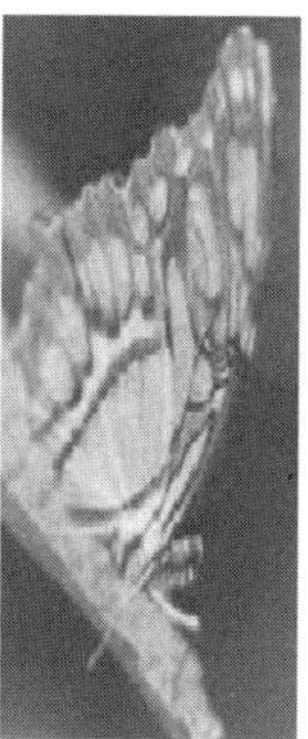

이라는 정글의 세계에서 살아남을 수 있다. 자본 시장은 언제나 새로운 기업의 탄생을 촉진하고 경쟁력 있는 기업을 지원하지만, 약한 기업은 가차 없이 퇴출시킴으로써 전체의 수익성을 향상시킨다. 하버드대학(Harvard University)의 슘페터(Joseph Alois Schumpeter) 교수는 이러한 창조와 제거의 과정을 '창조적 파괴의 폭풍'이라고 부른다.

그런데 요즘은 '파괴적 창조'를 해야 한다는 이야기가 등장했다. 새로운 것을 창조하기 위해 파괴를 한다는 개념뿐 아니라 아예 먼저 파괴를 하여 무너진 잿더미 속에서 무언가 새로운 것을 만들어 내야 한다는 뜻이 내포되어 있다. 'Destroy yourself, or someone else will(스스로 자신을 파괴하지 않으면 타인에 의해 파괴를 당하고 만다)'라는 말의 의미를 다시 한번 되새기게 된다.

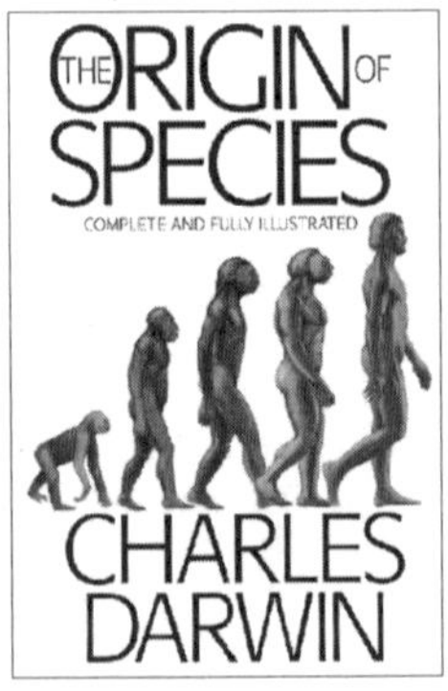

'바이엘 아스피린(Bayer Aspirin)'으로 유명한 스털링(Sterling) 제약사는 수십 년간 유럽 시장을 주도하다가 존슨&존슨(Johnson&Johnson)의 '타이레놀(Tylenol)' 등 경쟁사의 맹렬한 추격에 직면하게 되었다. 그런데 스털링은 여러 의약품을 가지고 있었음에도 불구하고 아스피린에 대한 미련을 버리지 않고 시장 확장을 위한 노력을 고집했다. 부분적 자기 잠식에 대한 두려움으로 파괴적 창조를 하지 못한 스털링은 결국 코닥(Kodak)에 넘어가고 말았다.

"가장 강한 것이 살아남는 것도 아니고, 가장 영리한 것이 살아남는 것도 아니다. 변화에 가장 민감한 것만이 살아남는다."는 다윈(Charles Robert Darwin)의 150년 전 이야기가 가슴에 와 닿는 세상이다.

디지털 인재의 조건

새로운 직업 세계

직업의 다양화

우리나라의 산업별 취업자 수는 2000년의 경우 1차 산업 10.9%, 2차 산업 20.2%, 3차 산업 68.9%로 분포되어 있다. 이를 1975년과 비교하면 2차 산업 종사자의 비율은 거의 변화가 없는 반면 1차 산업 종사자는 1/4로 급감했고, 3차 산업 종사자는 2배 가까이 증가했음을 알 수 있다.

이는 우리의 산업 구조가 서비스 중심으로 급격히 변화해 왔음을 웅변하고 있다. 이런 가운데 직업의 종류도 40여 년 전에는 1000여 종에 불과했던 것이 현재 2만 여 종을 넘어섰다.

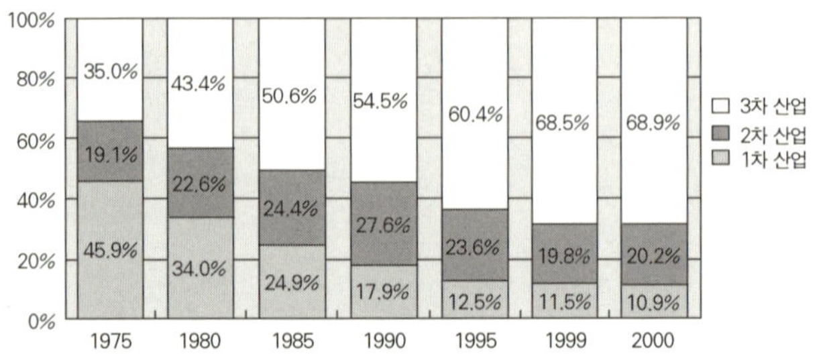

산업별 취업자 수 추이(통계청, 2001.05)

직업의 자유화

유랑인(流浪人)

사람은 자유를 갈구한다. 자유롭게 움직이고자 하는 욕구는 인간의 원초적 본능이다. 유목민같이 떠돌아다니며 생업을 영위하는 사람들이 계속 늘어나고 있다. 프리랜서(Freelancer)[6]들은 이 프로젝트에서 저 프로젝트로 계속 이동한다.

과거에는 이름 있는 대기업에 정착하면 대부분 안정된 미래를 보장받을 수 있었다. 그러나 정착은 상대적으로 안정된 여건을 제공하는 반면 강요와 종속을 요구한다. 사람들은 정해진 업무나 노동이라는 것에 답답해한다. 그래서 튀고 싶어한다. 얼마 전 우리나라에서 1300여 명의 직장인들을 대상으로 조사한 결과 79.3%가 3년 내 전직(轉職)을 고려

디지털 인재의 조건

중이라는 응답이 나타난 것도 유사한 맥락일 것이다.

대마불사(大馬不死)의 신화도 깨어진 지 오래이다. 20~30년 전만 해도 우리나라에서 '가장 안정된 직장'의 대명사는 은행을 비롯한 금융 기관이었다. 그러나 IMF 지원을 받아야 했던 외환 위기가 도래하면서 상당수의 금융 기관들이 문을 닫거나 합병되고, 많은 사람들이 대량 해고의 쓰라림을 맛보았다.

1929년 대공황 때에도 IBM은 단 한 사람의 종업원도 해고하지 않으며 '우리는 가족이다'라는 모토(Motto)를 내세웠다. 그러나 1990년대 들어서 PC 사업이 밀리고 Open 시스템의 트렌드로 메인프레임(Mainframe) 사업까지 어려워지면서 대규모 적자를 맞게 되자 1993년, 일거에 7만 명을 정리해고하게 된다. 모토도 '우리는 팀이다'로 바뀌었다.

가장 안정된 것이라고 믿었던 것이 흔들림에 따라 '계란을 한 바구니에 담지 않는' 프리랜서들이 늘어나고 있다. 이른바 '프리터(Freeter; Free+Arbeiter)족'이 늘고 있는 것이다. 일주일에 36시간 미만을 일하는 취업자들로, 갖가지 아르바이트로 생활하는 청년 실업자나 자유 직업 선호자를 일컫는 말이다. 프리터는 극심한 취업난, 또는 일부 젊은이들의 속박 기피증 등에 의해 계속 늘어나고 있는 추세이다.

통계청 조사 결과에 의하면 2003년 7월 현재 우리나라 프

리터의 수는 모두 298만 9000명으로, 2002년 7월(265만 4000
명)에 비해 33만 5000명이 늘었다. 이들 '프리터족'은 시간
을 자유롭게 활용하면서 자신의 미래를 위해 투자하는 장점
을 가지고 있기는 하지만, 상당 부분은 결국 전반적인 고용
불안과 고실업에 따른 새로운 현상으로 보여진다.

다니엘 핑크(www.freeagentnation.com)는 『프리에이전트의
시대가 오고 있다』를 통해 자유직업의 보편화를 예고하고
있다.

일인 기업가

생각을 같이하는 극소수, 부부 2인 등 친구나 가족끼리
사업을 하는 아주 작은 규모의 기업들이 늘어나고 있다. 일
때문에 어쩔 수 없이 어울리는 것이 아니라 '호흡이 맞는 사
람들' 끼리 기업을 하는 것이다. 이들은 모두가 동등한 파트
너의 입장에서 자발적으로 일한다. 누구의 지시를 받을 것
도 없다. 이들은 인간적으로도 매우 가까운 사람들이다.

이제는 이와 같은 초소형 기업 형태뿐 아니라 구성원이
단 한 사람뿐인 기업도 증가 추세에 있다. 멋진 사무실은 필
요 없다. 이들은 어디서든 일한다. 노트북과 PC, 휴대 전화
등만 있으면 된다.

미국 테네시(Tennessee) 주 내슈빌(Nashville)의 앨리슨 커

틀러(Allison Cutler) 그룹은 정치 상담 회사인데, 그룹의 구성원은 Me, Myself, I이다. 중요한 것은 '어디에서 일하는가'가 아니라 '스스로 원하는 일을 할 수 있는가'에 있다. 가토 도시하루(加藤敏春)와 같은 이가 주장하는 '마이크로 비즈니스'의 특징은 한 사람이 CEO, CFO, CIO를 겸임하면서 수백 배 빨라진 통신 인프라를 바탕으로 개인 혼자만의 힘으로 기업을 이끌어 나간다는 것이다.

또한 종래 기업의 목적인 '이윤 추구'보다는 일 자체가 주는 즐거움과 연결된 보람을 추구함으로써 그 어떤 사업 형태보다도 강력한 동기를 가지며, 틈새시장을 공략하거나 다수의 소규모 비즈니스가 연결된 '공동체 비즈니스 모델'의 신규 사업 개척을 통해 초소형 일인 기업 형태의 마이크로 비즈니스는 급격하게 증가될 전망이다.

조금은 나쁜 의미도 내포되어 있지만 영국에서는 이들에 대해 '잡 하퍼(Job Hopper)'라는 표현을 쓴다. 군둘라 앵리슈는 『잡노마드 사회』를 통해 사회가 노마드(Nomade; 직업 유목민) 사회로 넘어갈 것이라고 말한다. 노마드는 말 그대로 '유목민'이라는 뜻이다. 즉, 직업 유목민이다. 그렇다면 이러한 직업 유목민들은 도대체 얼마나 될까?

영국은 일인 기업가가 12.5%, 미국은 16%, 독일은 믿기 힘든 수치이긴 하지만 독일인이 쓴 책에 의하면 전체 320만

개 기업 중 일인 기업가가 200만 명으로, 62.5%라고 한다.

많이 알려져 있는 '킨코스(Kinko's)' 같은 경우도 처음에는 소모품을 판매하는 회사로 시작했었다. 킨코스는 현재 미국 내에서만 865개의 체인점을 보유하고 있는데, 이 회사가 발전한 이유 중 하나는 엄청나게 많아진 일인 기업가들을 주요고객으로 삼은데 있다.

앞에서 패러다임의 변화에 대해 이미 언급한 바 있지만, 이제는 사람에 따라서 성공이라는 잣대도 바뀌고 있다. 예전에는 기업 규모가 크면 그 자체가 성공이라고 했었는데, 요즘은 이렇게 생각하지 않는 사람이 점차 늘어나고 있다.

미국의 한 여론 조사 회사(Appropriate Solutions)를 예로 들어 보자. 이 회사는 1978년에 4명의 인원으로 창업한 회사이다. 이 회사는 꾸준히 성장하여 15년이 지난 1993년에 30명의 가족을 이루었고, 처음의 허름한 창고 같은 사무실에서 벗어나 번화가에 번듯한 사무실을 가지게 되었다. 그러나 얼마 지나지 않아 골치 아파서 못하겠다는 창업주의 판단에 따라 결국 부부가 이끄는 2인 회사로 바뀌면서 자택으로 돌아가 재택근무를 하게 되었다고 한다.

또 하나의 예를 들어 보자. '웰스 파고(Wells Fargo)'의 마케팅 매니저 이야기이다. 이 여성은 3년 동안 열심히 일했는데, 어느 날 자신이 상상했던 것보다 엄청나게 많은 보너스를 받게 되었다. 그런데 그녀가 보너스를 받자마자 한 행동은 바로 회사를 그만두는 것이었다. 과연 사직을 한 이유가 무엇인지 알아보았더니, 어마어마한 보너스를 받았음에도 불구하고 그녀는 별로 기쁘지가 않더라고 했다. 그래서 그녀는 자신이 원하는 것은 돈이 아니라는 사실을 깨닫게 되었고, 이제부터라도 자신이 좋아하는 것을 찾아 새로운 삶을 살아 보자는 생각으로 사직을 하게 되었다는 것이었다.

부상하고 있는 신종 직업

2002년 10월에 '잡 코리아(JOB KOREA)'가 선정한 '새로운 20년-미래 직업의 세계'와 함께 대한민국 여성부가 발표한 미래의 여성 유망 직종, 같은 해 11월에 발표된 월간 〈리쿠르트〉의 '미래의 유망 신종 직업'을 살펴보면 공통적으로 지식 집약형 사회에 걸맞는 아이디어 창조자와 이를 제품화하는 사업자, 중개인이 각광받을 것으로 전망되고 있다. 또한, 고갈되어 가는 자원과 환경 오염 문제를 해결하는 분야와 함께 장기(臟器) 이식을 통한 인간 수명 연장 등에 관련된 바이오 분야도 주요 관심 대상이 되고 있다.

대표적인 유망 직업들을 분야별로 정리해 보면 다음과 같다.

	가정 생활	건강/미용	외식 산업	오락/쇼핑	이벤트
1	홈 메이커	건강 관리/운동 처방사	티 소믈리에	게임 시나리오 작가	이벤트 플래너
2	비애 치료사	바디 디자이너	바리스타	게임 자키/해설가	플로리스트
3	애완견 미용사	두피 모발사	스튜어드	미스터리 샤퍼	미팅 플래너
4	애완동물 관리사	음악 치료사	푸드 스타일리스트	공연 공간 개발자	모빌 DJ
5	애완동물 장례사	언어 치료사	다이어트 메이트	여행설계사	레스토랑 게이머
6	자산 보관사	노인 식품 설계사	조향사	코스튬 플레이어	하객 대여 관리사

	바이오	IT	나노/기계	건축/디자인
1	생명정보공학자	아키텍처 매니저	초소형 로봇 제작자	건물 옥상 정원 설치 전문가
2	조직 공학자	테크니컬 리드	자동 제어 연구원	전시 모형 창작 모델러
3	장기 이식 코디네이터	베타 테스터	초정밀 가공 기기 연구원	사운드 시스템 디자이너
4	유전자 프로그래머	가상현실 관리자	초소형 모터 제작자	복권 디자이너
5	생명공학 농부	멀티콘텐츠 플래너	인공위성 연구원	컬러리스트
6	유전자 조작 음식 감별사	웹 기획자	의료 장비 기술자	아바타 코디네이터

이 가운데 비애(悲哀) 치료사, 노인 식품 설계사, 조향사(調香士), 하객 대여 관리사 등은 몇 년 전만 해도 듣기조차 힘든 직업들이었다. 이 밖에도 사이버 연예인 매니저, 사이버 중매인, 관(棺) 디자이너, 댄스 요법 치료사, 전염병 전문의 등 새로운 직업들이 속속 탄생하고 있다.

이색 직업

최근 몇 년 사이에 우리나라에서 탄생한 이색 직업 10가

지를 뽑아 보았다. 시대 조류의 흐름과 직업 세계의 역동적
변화를 느낄 수 있을 것이다.

홈 메이커

노인이나 아이들을 남겨 놓고 여행을 떠나야 할 때 믿고
맡길 수 있는 사람. 주말의 2~3일간 식사나 영화 감상 등도
함께 하고, 대화 상대도 되어 주는 등 '주말 가족' 역할을
맡는다. 평일에는 직장 일로 바쁘지만 주말에는 외로운 독
신자와 시간을 함께 해주기도 한다.

애완동물 관리사

휴가, 해외 출장 등으로 여러 날 집을 비우게 될 경우 애
완동물을 주인 대신 보살펴 주는 전문 관리사. 750만 명에
달하는 애견인들을 위해 며칠씩 맡아 주는 애견 호텔도 20
여 개가 성업 중이다. 애완동물이 죽었을 때 수의(壽衣) 입히
기, 입관(入棺), 꽃 장식, 화장 및 유골 수습과 납골당 안치
등 장례 전반을 대행하는 애완동물 장례사도 있다. 장례 후
사이버 동물 분향소도 운영한다.

두피 모발 전문가(Trichologist)

머리 피부, 머리털의 상태를 점검하고 탈모의 원인을 파

악한 뒤 적절한 관리법을 제시해 탈모를 예방하고 머리털을 건강하게 유지하도록 도와주는 전문가. 두피모발학회의 자격 인증 시험이 까다로워서 아시아 지역 전체의 전문가는 40여 명에 불과하다.

티 소믈리에(Tea Sommelier)

수천 종의 중국 차(茶) 중에서 각종 요리와 가장 잘 어울리는 차를 골라 추천해 주는 차 전문가. 2003년 들어서 국내 유수 호텔에서 새로운 서비스를 시작했다. 중국다예(茶藝)연구센터 등 전문 기관에서 관련 용어, 다기(茶器), 다도(茶道) 등의 깊이 있는 공부를 한 후, 식당에서 테이블을 돌면서 음식에 맞는 차를 추천하고 주문받아 물의 양, 온도 등을 최적의 상태로 하여 맛있는 차를 제공한다.

바리스타(Barista)

이탈리아어로 '바 안에서 일하는 사람'이라는 뜻으로, 바텐더(Bartender)와 구분하여 커피만을 다루는 전문가를 지칭한다. 커피의 종류별 향과 맛, 어울리는 음식에 대한 해박한 지식의 바탕 위에 좋은 원두커피의 선택 능력, 커피 머신(Coffee Machine)의 활용 능력, 서비스 정신 등이 요구된다.

푸드 스타일리스트(Food Stylist)

요리에 예술적인 감각을 불어넣는 전문가. 음식을 예쁜 모양으로 만드는 것은 물론 분위기에 어울리는 식탁보, 촛불, 꽃, 유명 인사의 수필 등으로 식탁을 꾸미며 '눈으로 즐기는 음식'의 시대를 열어 가고 있다. 재료의 특성을 최대한 살려 음식이 가장 아름답게 보일 수 있도록 연출하기 위해 때로는 직접 요리를 하기도 하며, 음식을 담는 그릇과 소품을 준비하는 역할도 맡는다.

플로리스트(Florist)

꽃을 이용하여 부가가치를 창출하는 전문가. 활동 분야는 무대 장식, 상품 전시, 테이블 세팅 등 매우 다양하다. 플로리스트는 꽃을 아름답게 장식하는 것뿐만 아니라 꽃에 대한 폭 넓은 지식(꽃 이름/꽃말, 재배, 유통 등)과 미적 감각을 갖추어야 한다. 전문 플로리스트가 되기 위해서는 사설 학원이나 각 시도별 문화센터, 대학의 사회교육원 등의 강좌를 이수한 후 플라워 숍에서 일정 기간의 실습 과정을 거치는 것이 일반적이며, 시험을 통해 1~3급 자격을 부여받을 수 있다. 플라워 디자이너, 플라워 코디네이터, 플라워 스쿨 강사 등으로 활동한다.

아바타(Avatar) 디자이너

사이버 세계에서 네티즌들의 분신인 '아바타'를 디자인
하는 전문가. 아바타의 헤어스타일이나 의상, 액세서리 등
의 아이템을 디자인하는 직종이기 때문에 그림에 소질이 있
어야 하고, 상상력도 풍부해야 한다. 오프라인상의 트렌드
를 민감하게 반영하는 만큼 최신 유행 감각, 특히 밝고 튀는
컬러 감각도 요구된다.

게임 시나리오 작가

게임을 즐기려는 게이머(Gamer)들의 다양한 욕구와 그들
의 흥미를 유발하는 요소를 파악하여 게임의 시나리오를 구
성하고, 스토리 보드(Story Board)를 제작하는 작가. 장면/대
사(臺辭)/아이템 등의 시나리오와 스토리 창출을 위한 창의
성/글쓰기 능력 및 그래픽, 음악, 프로그래밍 능력 등 게임
관련 소양을 두루 갖추어야 한다. 몇몇 전문대학의 게임학
과와 학원에서 관련 교육을 하고 있지만, 아직은 게임 시나
리오 전문 작가가 많이 양성되지 않아 경험이 많은 프로그
래머들이 역할을 대행하고 있다.

소자본 창업 지도사

소자본 창업을 자문, 지원해 주는 전문가. 전문적인 지식

이 부족한 일반인이 창업할 경우 성공 확률이 높지 않으므로 전문가의 지원이 필요하게 된다. 사업 종목 선정, 입지 선정, 점포 선택 시 고려 사항, 사업 비용 산정 등 사업 착수 이전의 상담과 창업 이후의 경영 평가 및 조언 등을 담당한다. 중소기업청이나 컨설팅 회사에 취업할 수도 있고, 독립 컨설턴트로 활동할 수도 있다. 산업인력공단 중앙인력개발센터 등에서 교육을 실시하며, 국가 공인 자격증 제도가 있다.

새로운 직업의 세계

쇠퇴하는 직업과 떠오르는 직업

2000년 5월 〈타임(*Time*)〉은 화이트칼라 직종 가운데 90%는 10~15년 내에 사라질 것이라는 예측 자료를 발표하면서 유망 직업과 쇠퇴 직업을 다음과 같이 소개한 바 있다.

이러한 변화는 주로 정보통신과 생명공학의 발전에 기인하는 것으로, 아버지와 어머니의 역할마저 쇠퇴 직종에 포함되어 있으니 세상이 어디까지 갈 것인지 정말 모를 일이다.

한국 여성으로서 미국 정부의 고위직에 올라간 전신애 노동부 여성국장은 2002년 11월에 다음과 같이 예견한 바

10대 유망 직종	주요 업무	10대 쇠퇴 직종	배경
조직공학자	장기 배양 및 이식	중개인(주식/자동차 등)	인터넷 보급
유전자 프로그래머	유전자 분석 및 치료	교실에서 강의하는 교사	온라인 교육 증가
생명공학 농부	유전공학 동식물 사육	인쇄업 종사자	사이버 매체로 대체
유전자 조작 음식 감별사	유전자 조작 여부 조사	속기사	자동 음성 인식 프로그램 등장
데이터 마이너	유용한 정보/지식 도출	CEO	업무의 수평 분권화
원격 제품 수리공	가전제품 원격 수리	교정 전문 치과 의사	3차원 치아 촬영 치료법 개발
가상현실 배우	시청자의 희망에 따라 연기	교도소 교도관	전자 장비 부착을 통한 감시
유선방송업자	주문 프로그램 제작	화물 운송 차량 운전사	무인 화물 차량 등장
튜링 테스터	지능형 프로그램 개발	가정부	가사 업무용 로봇 등장
지식관리 엔지니어	창의적 지식 프로그램화	아버지/어머니	불임 치료법, 인공 자궁 등장

있다.

　"현재 5세 어린이가 성인이 되었을 때는 전체 직업의 90%가 현재는 존재하지 않는 새로운 것이 될 가능성이 높다. 자녀들이 어떤 환경에서도 살아남을 수 있도록 기본적인 기능을 탄탄하게 키워 주고, 감성과 인성 교육을 충분히 하라. 정보통신 산업과 생명공학의 급속한 발전으로 직종과 직업의 생성, 소멸 속도가 빨라지고 있다. X세대(18~35세)의 경우도 노동 시장의 급격한 변화를 경험하게 되어 평생 5~6개의 직업을 바꿔 가며 살게 될 것이다."

　직업의 양태가 이처럼 급변하고 있다면 이러한 흐름에 어떻게 대비해야 할 것인가? 우리는 교육, 자기 계발, 미래 설계 등 여러 가지 측면에서 많은 것을 다시 생각해야만 하는

디지털 인재의 조건

상황에 직면해 있다.

변화의 동인(動因)

이처럼 직업 세계를 둘러싸고 벌어지는 격변의 소용돌이는 여러 가지 복합적인 이유에 의해 야기되는 변화이다. 그 가운데 대표적인 몇 가지 변화의 동인을 살펴보면 다음과 같은 것들을 거론할 수 있을 것이다.

자동화

많은 일들이 자동화되면서 종래 사람 손으로 하던 일들이 사라졌다. 조립, 운반, 포장 등 제조 과정의 많은 일들을 이제는 자동 조립 기기, 자동 검사기, 로봇 기계 등이 대신하고 있다. 사회간접자본(SOC; Social Overhead Capital)의 확충도 직업 세계에 많은 변화를 가져왔다.

수도가 제대로 보급되지 않던 시절에는 공동 수도나 약수터에서 물을 길어다 주던 물장수가 있었다. TV 시청료 징수원, 수도, 전기, 가스 미터기 검침원들도 이제는 찾아볼 수 없게 되었다.

IT의 발전

컴퓨터와 통신의 눈부신 발전은 수많은 하드웨어, 소프트웨어, 네트워크 관련 직종을 탄생시켰다. 인터넷의 확산으로 일하는 방법, 생활양식 등이 엄청나게 바뀌면서 휴대 전화 벨 소리 작곡가, 웹 마스터, 인터넷 자키 등 많은 새로운 직업들을 만들어 냈다. 워드 프로세싱(Word-processing)이 보편화되다 보니 예전에는 사무직 여사원의 대명사와도 같았던 타이피스트(Typist)라는 전문 직종이 사라졌다. 은행 창구의 많은 일들도 이제는 ATM이 대신하고 있다. 메일(전자 우편)의 생활화로 우편 배달원이 편지를 배달하는 일도 급격히 줄어들었다.

새로운 이슈의 대두

새로운 것들이 속속 등장하면서 인기 직종도 부침(浮沈)을 거듭하고 있다. 1970년대 중동 건설 붐을 타고 아랍어 전공자의 몸값이 천정부지로 치솟은 일이 있었다. 중국과 수교가 이루어진 1992년 이후에는 중국어 열풍과 더불어 중국 전문가들이 각광을 받기 시작했다. 9.11 테러 후에는 이슬람 세계에 대한 관심이 고조되면서 관련 전문가들이 여기저기에서 많은 부름을 받았다.

경제 발전에 따른 삶의 여유로 문화에 대한 관심이 높아지고 있다. 국가 간 교역이 증대되는 가운데 상품, 서비스, 이벤트 등에 문화가 묻어 다니면서 국가 간, 지역 간 문화의

디지털 인재의 조건

교류 확대로 이어지고 있다. 이와 같이 문화의 시대가 열리면서 영화 기획자, 비디오 저널리스트, 박물관 안내인, 그림 읽어 주는 사람, 여행 전문가 등 새로운 직업들이 탄생하고 있다.

생활양식의 변화

자연에 대한 관심이 고조되고 건강과 삶의 질을 추구하는 변화의 물결에 따라 숲이나 곤충 전문가, 도시 미관을 설계하는 도시 계획가, 음향 컨설턴트, 건물 옥상 정원 설치 전문가, 전시 모형 창작을 전문으로 하는 모델러(Modeler), 이벤트 기획자, 운동 처방사, 다이어트 메이트, 언어 장애 치료사, 호스피스 전문 간호사 등이 신종 유망 직업으로 새롭게 떠오르고 있다.

기업가 정신

벤처 비즈니스 분야의 톱 스쿨(Top School)인 미국 뱁슨대학(Bapson College)의 론스태트(Ronstadt) 교수는 그의 저서 「기업가 정신」에서 "기업가 정신이란 빨간 신호등 앞에서도 때로는 이를 무시하고 돌진하는 것과 같다"라고 말하고 있다. 다시 말해, 수 많은 제약조건을 뛰어넘어 과감하게 기회를 포착하는 용기를 강조하고 있는 것이다.

우리는 '기업가 정신'의 진수를 임진왜란과 정유재란에서 23번 싸워 모두 승리했던 이순신 장군에게서 찾아볼 수 있다. 억울한 누명을 쓰고 백의종군했던 이순신 장군은 그 유명한 명량대첩에서 단지 전함 12척의 수군으로 일본 수군을 대파하는 위대한 승리를 이끌어 냈다.

이순신 장군은 기업가는 아니었다. 그러나 불가능에 가까운 여건에도 좌절하지 않고 과감히 도전하여 연전연승한 업적과 전략은 '기업가 정신'의 맥락에서 되짚어 볼 만한 가치가 있다.

첫째, 그는 뛰어난 정보 수집력을 바탕으로 아군의 강·약점을 명확히 인식하고 적군의 약점을 집중 공략했다. 일본 수군은 칼 싸움에 능해 배 위에서 싸우면 그들이 유리하다는 사실을 파악하고는 갑판 위에 목판을 덮고 송곳을 꽂아 적의 접근을 막는 지략을 구사했다.

둘째, 바다에서는 거리 감각이 무뎌져 다른 배에 탄 적을 정확히 겨냥하기 힘들다는 사실을 인지하고, 평소에 바다에서 활 쏘기 훈련을 하는 등 실전 준비에 완벽을 기했다. 그로 인해 수 차례의 해전에서 수백 척의 적함을 침몰시켰지만, 조선 수군의 손실은 미미했다.

두 가지 사례를 통해 우리는 이순신 장군이 불리한 여건 속에서도 문제 해결을 위해 얼마나 집요하게 도전적, 전략적인 태세로 임하였는가를 알 수 있다. 우리나라 기업들도 이러한 정신으로 무장하고 적절한 전략을 구사한다면 세계 유수 기업과도 당당히 경쟁할 수 있을 것이다.

많은 사람들이 새로운 사업 기회를 목전에 두고도 자본과 인력이 모자라서, 혹은 기술이 부족해서 할 일을 못한다고들 한다. 그러나 진정한 '기업가 정신'이란 도전을 통해 새로운 가치를 창출해 내는 것이지 반드시 많은 자본 투입이 선행되어야 하는 것은 아니다. 유한한 자원을 가지고도 새로운 가치를 창출해 내는 용기와 결단이 바로 '기업가 정신'이기 때문이다.

디지털 인재의 조건

제2부 | 디지털 시대가 요구하는 인재상

디지털 시대 읽기 3

정보와 지식의 중요성

우리 사회 기반의 중심 축이 정보와 지식으로 이동하였다. 우리가 접하게 되는 정보의 양은 매일 엄청나게 늘어 지난 30년 동안 새로 생성된 정보의 양이 지난 5000년 동안 인류가 접해 왔던 지식의 양보다도 많다고 하니 실로 놀라운 일이 아닐 수 없다. 출판물 역시 4~5년마다 배로 증가하고 있고, 인터넷상에서 접할 수 있는 정보의 양 또한 3개월 반마다 배로 증가되고 있으며 향후 3년간 축적될 정보의 양이 인류 역사 30만년 동안의 그것보다 많을 것으로 예측되는 등 실로 정보의 홍수 속에 살고 있다는 말이 실감나게 다가오고 있다.

농경 사회
(토지, 노동)

산업 사회
(자본, 기술)

정보화 사회
(정보, 지식)

2000년 8월, 〈비즈니스위크(*Business Week*)〉에는 '햄버거 시대가 가고 소프트웨어 시대가 열리고 있다'는 기사가 실린 바 있다. 1999년 말 기준으로 3만 1000명의 종업원을 가진 마이크로소프트(Microsoft)의 기업 가치는 6000억 달러에 육박하는 반면, 10배의 종업원을 가진 맥도날드(McDonald)의 기업 가치는 그 1/10에 불과하다는 것이다. 눈에 보이지도 않고 무게도 없는 소프트웨어의 가치가 높게 평가받는 시대로 돌입한 것이다.

마이크로소프트와 맥도날드의 시장 가치 격차에는 지적 자산을 활용하는 마이크로소프트의 능력이 반영되고 있다. 전체 기업 가치의 90% 이상이 특허나 기술 등 무형의 지적 재산으로 구성되어 있는 것이다. 2000년 말을 기준으로 볼 때 마이크로소프트의 전체 기업 가치는 5292억 달러인 데 비해서 장부상에 나타나는 기업 자산은 521억 달러로서, 그 차액인 4771억 달러는 마이크로소프트가 갖고 있는 지적 자

 디지털 인재의 조건

산으로 인한 것이라는 분석이다.

피터 드러커(Peter F. Drucker) 교수는 "토지, 노동, 자본과 같은 전통적 생산 요소의 효용은 이제 한계에 달했으며, 앞으로는 지식이 생산의 유일한 근원이 된다"라는 말로 지식이 부를 창조하는 열쇠가 되고 있음을 강조하고 있다.

자본의 희소가치보다 아이디어와 지적 재산의 무한한 가치가 더욱 소중한 시대이다. 창의와 열정만 있다면 얼마든지 무한 공간을 개척할 수 있는 사이버 시대를 맞이하고 있는 것이다.

자동판매기와 인터넷

자동판매기는 뚜껑을 열어 봐야 무엇이 얼마나 팔렸는지를 알 수 있다. 하지만 스마트하게 사업을 하는 사람들은 이제 더 이상 이런 식의 자판기 사업은 하지 않는다. 인터넷과 연결하여 멀리 떨어진 컴퓨터 센터에서 무선으로 시그널을 보내 자판기 호대별 판매 상황을 모니터링하고, 그 정보를 디스트리뷰터(Distributor)에게 온라인으로 전송하여 수시로 빈칸을 채워 넣는다.

이렇게 하여 판매고는 3배로 늘어났다. 단순한 예에 불과하지만, 정보의 가치를 실감할 수 있는 '정보 자판기의 등장'인 것이다.

맥주와 기저귀

1990년대 말 미국의 대형 할인점 월마트(Walmart)에서 판매 동향 분석을 하다가 참으로 이상한 패턴을 발견했다. 맥주를 사 가는 손님 중에는 기저귀도 함께 사 가는 손님이 의외로 많다는 점이었다. 이를 분석해 본 결과 젊은 아빠들이 주말에 가족과 함께 피크닉을 가기 위해 목요일 저녁이면 편의점에 들러 맥주, 안주류 등과 함께 아기 기저귀를 사 간다는 사실을 알게 되었던 것이다. 이러한 고객의 특성을 파악한 할인점 운영자는 맥주 가까이에 자사 브랜드 기저귀를 배치함으로써 높은 매출을 올릴 수 있었다.

우리는 정보의 홍수 속에 살고 있다. 수많은 정보 속에서 눈에 잘 띄지 않는 유용한 정보를 어떻게 찾아내어 활용할 것인가는 거대한 광산에서 광맥을 찾아내는 것과 마찬가지 문제이다. 그래서 이와 같은 것을 데이터 마이닝(Data Mining)이라고 부르기도 한다.

티파니를 찾는 사람들

'티파니(Tiffany)'의 주요 고객은 얼마나 돈이 많은 사람들일까? 모두들 세계 최고의 갑부들일까?

티파니는 분석을 통해 주요 고객층이 돈은 좀 있지만 엄청난 갑부는 아닌 50대 남성들임을 알아냈다. 그들은

14~16살 연하의 젊고 아름다운 부인을 둔 사람들로, 아내의 환심을 사기 위해 매달 한두 번씩 중가(中價) 수준의 상품을 지속적으로 구매하고 있었다. 이러한 분석에 근거하여 티파니는 이들 주요 고객을 대상으로 한 신상품 개발, 이벤트 개최, 할인 판매 등 타깃 마케팅을 통해 수익을 증대시키고 있다.

이제 고객의 시대이다. 고객의 욕구를 어떻게 파악하여 대응할 것인가, 나아가 어떤 방법으로 고객과의 장기간(Long-term) 파트너십을 이루어 나갈 것인가가 모든 경제 주체의 주요 과제가 되고 있다.

정보와 지식

물질의 중요성은 점차 낮아지는 반면 정보와 지식의 값어치는 점점 더 높아지고 있다.

미국의 통계를 보면 1977년~1997년까지의 20년 동안 미국인의 1인당 생산 재화는 금액 기준으로 1만 9200달러에서 2만 6300달러로 39%가 증가했다. 그러나 1인당 생산한 재화의 무게는 5300파운드에서 4100파운드로 23% 가벼워졌다. 기술의 진전에 따른 경박단소(輕薄短小) 추세가 주 요인이다. 앞으로 나노(Nano), 마이크로머신(MEMS; Micro Electronic Mechanical System, 육안으로 식별이 어려운 극히 소형의 기계 등) 극미세(極微細) 기술이 더욱 발전할 것이다. 이제는 예전처럼 물질을 많이 쓰는 시대가 아니다.

2003년 이라크 전쟁에서 '군사 혁신(RMA; Revolution in Military Affairs)'이라는 용어가 등장했다. 2차 대전 당시에는 교량 하나를 폭파하는 데 폭탄 200~240톤을 썼다. 그러나 지금은 4톤만 가지고도 충분하다. 3m 오차 범위 이내에서 폭격이 가능하게 되었기 때문이다. 무기에 IT가 적용되면서 무기 역시 예전처럼 많이 사용하지 않게 된 것이다.

예전에는 자원 부국(富國)만큼 부러운 것도 없었다. 그러나 지금은 WTO 시대를 맞아 무역 장벽이 지속적으로 제거됨에 따라 자원이 없는 나라도 자원이 있는 나라와 비교하여 크게 불리하지 않은 조건으로 경쟁할 수 있게 되었다.

이와 같이 물질의 중요성은 상대적으로 낮아지고, 정보와 지식의 중요성은 날로 증대되고 있다. 미국 다트머스 경영

디지털 인재의 조건

대학원(Tuck School of Busines at Dartmouth)의 제임스 퀸 (James Quinn) 교수 같은 사람은 "이제 기업 부가가치의 3/4은 정보와 지식으로부터 나온다"는 말을 서슴없이 하고 있다.

시간, 공간, 속도의 개념 변화

시간의 개념 변화

농경 사회에서는 아침에 해가 뜨면 밭에 나가 일을 하고, 저녁이 되면 집에 돌아와 쉬거나 짚신이나 삼으면서 시간을 보낼 수밖에 없었다. 산업화 사회로 넘어가면서 도시라는 것이 만들어지고 24시간 가동하는 공장도 생기기 시작하자 사람들은 8시간 3교대, 12시간 2교대 등으로 시간을 인위적 으로 쪼개 쓰기 시작했다. 시간은 이렇게 인간 공동 사회의

생활을 규제하고 속박하는 수단으로 오랫동안 작용해 왔다.

하지만 정보화 사회는 365일 24시간 아무 때나 편리한 시간에 인터넷이나 휴대 전화, TV 등을 통해 일을 할 수도 있고, 정보를 얻을 수도 있으며, 쇼핑이나 오락을 즐길 수도 있는 변화를 몰고 오고 있다. 시간에 '자유롭게 쓸 수 있는 자원' 이라는 새로운 특성이 부여된 것이다.

공간의 개념 변화

공간의 개념은 우리에게 상반된 변화를 동시에 몰아오고 있다. 한쪽 측면에서 보면 교통, 통신, 매스컴의 발달로 지구는 점점 작아지고 있다. 글자 그대로 스몰 월드(Small World) 지구촌이다.

하지만 다른 측면에서 보면 우리가 사용하는 PC 스크린 저 너머의 새로운 광활한 우주, 가상공간(Cyber Space)은 무한 팽창을 지속하고 있다. 가상공간은 창의와 열정만 있다면 이 무한한 공간을 개척할 수 있는 세상인 것이다. 일례로, 아무리 큰 백화점을 짓는다 해도 지구상의 모든 물건을 진열할 수는 없다. 그러나 가상공간에서는 이것이 가능하다. 예를 들면, 실물 세계에서의 최대 규모 서점인 반스앤노블(Bannes&Nobles)보다 온라인 서점인 아마존(Amazon.com)이 보유한 서적의 종류가 3배 이상이나 많다.

속도의 개념 변화

빛의 속도로 움직이는 시대(CALS; Commerce At the Light Speed)가 되었다. 2시간짜리 영화를 다운로드 받는 데 1분밖에 걸리지 않는 세상이 된 것이다(54Mbps 무선 LAN 사용 시). 속도는 이제 경쟁력을 차별화하는 주요 전략 무기가 되어 가고 있다. 신기술, 신상품을 남보다 먼저 개발하는 기업이 시장을 선점하여 떼돈을 버는 'First is beautiful' 의 세상이 되었다.

도미노피자를 유명하게 만든 '배달 보증제'[7], KT의 '약속 시간 이행제'[8], 국내 지방자치단체들의 '민원 행정 서비스 시간 준수 선언'[9] 등이 시대의 변화를 실감하게 한다.

디지털화

도처에서 디지털화 추세가 확산되고 있다. 예전에는 오디오 기기에 자기(磁氣) 테이프가 들어가야 했지만, 이제는 '플래시 메모리(Flash Memory; 전원이 끊겨도 저장된 정보가 지워지지 않는 기억 장치)라는 반도체로 대체되고 있다. 필름 없는 카메라가 등장하는가 하면, 아날로그 매체의 대표라고 할 수 있는 라디오도 디지털화되어 이제 언제든 원하는 시간에 지나간 방송을 CD(Compact Disk)와 같은 수준의 음질

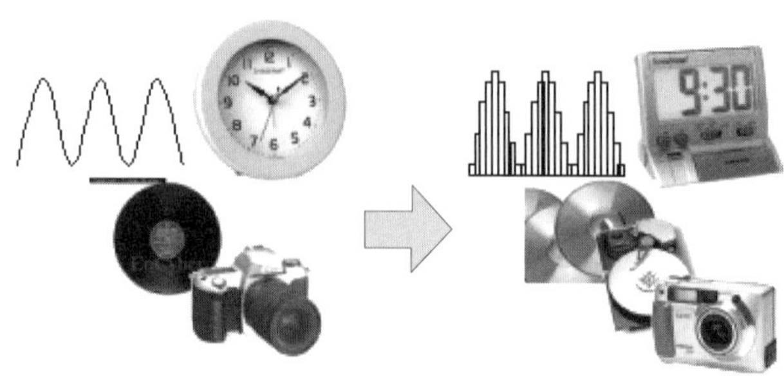

로 들을 수 있는 시대가 되었다. 책 한 권을 가지고 100명, 1000명이 동시에 읽을 수 있는 전자 도서관 시대, 인터넷을 기반으로 한 방송국 시대가 열리고 있다.

디지털화 추세는 '디지털 융합(Convergence)' 이라는 엄청난 변화를 몰고 온다. 이는 과거의 사고방식으로는 섞일 수 없는 것이 융합되는 현상을 초래한다. 디지털 카메라로 찍은 사진을 컴퓨터로 전송하여 PC 화면을 통해서 보고, 인터넷으로 전송하고, 종이에 인화할 수도 있게 되었다. 휴대 전화에 카메라 기능이 내장되어 있어 사진기와 캠코더의 역할까지 하는가 하면, 음식을 먹거나 물건을 살 때 전자 화폐 기능을 수행하기까지 한다. 밭에서 일하던 농부가 도시에서 공부하고 있는 자녀로부터 전화를 받고 그 자리에서 학자금이나 용돈을 송금한다.

디지털 인재의 조건

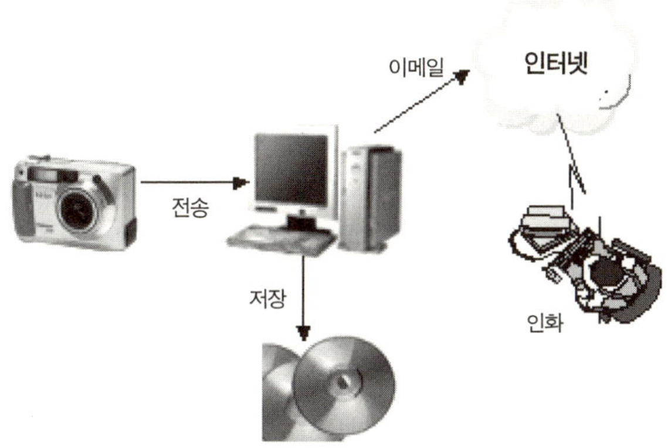

이와 같은 디지털화 추세는 고밀도 센싱, 고품질 저장 및
재생, 고속 전송 등의 기술 발전에 힘입은 것으로, 다음과
같은 특성을 가진다.

- 높은 정밀도

- 고품질 저장 / 재생 능력

- 전파의 즉시성

- 가상 공간의 활성화

- 제로(Zero)에 가까운 복사 비용

- '수확 체증의 법칙'의 통용[10]

이러한 디지털 시대를 맞이하여 기업의 디지털화 과제를

삼성경제연구소는 이렇게 설명한다.

첫째, 제품(Product)의 네트워크화

냉장고가 인터넷과 연결된다. 냉장고 외면에 화면이 부착되어 문을 열어 보지 않아도 냉장고 안에 무엇이 얼마나 있는지 알 수 있고, 버튼을 누르면 식품을 주문할 수 있는 단말기 기능까지 부여된다. 24시간 계속해서 전원이 들어오는 냉장고는 집안의 다른 가전제품들을 컨트롤하는 가정 내의 인포메이션 허브(Information Hub) 역할까지도 담당한다.

또한, 자동차 안에서 갖가지 정보 처리를 할 수 있게 됨에 따라 자동차는 움직이는 정보 센터(Moving Portal)로 발전하고 있다.

이와 같이 첨단 제품을 네트워크에 연결하여 차별화된 서비스를 창출한다.

둘째, 소싱(Sourcing)의 개방화

많은 기업들은 부품 조달에 있어서 계속 거래 관계에 있는 부품 공급 기업과의 거래를 유지하는 폐쇄적인 공급망(Supply Chain)을 유지해 왔다. 그러던 것이 이제는 인터넷상에서의 국제 입찰(Global Bidding) 시스템 형태로 개방화되고 있다. 이는 또한 부품 조달뿐 아니라 기술과 역량을 보강하기 위한 A&D로 발전하면서 소싱의 개방화와 다양화를 촉발하고 있다.

셋째, 대고객 서비스의 차별화

고객의 문의에 응답하거나 고객 불만에 대응하는 기초적인 차원을 뛰어넘어 고객의 니즈(Needs)나 나아가서는 고객 자신도 잘 느끼지 못하는 원츠(Wants)를 반영한 상품과 서비스 기획, 고객 유형별 타깃 마케팅에 의해 충성스러운 고객을 유지하고 확충해 나가는 '차별화된 고객 서비스' 가 주요 과제로 대두되고 있다.

넷째, 열린 기업 문화로의 발전

피라미드 조직 구조를 탈피하여 수평적 조직 구조로 전환함으로써 스피드 경쟁력을 제고한다. 다른 한편으로는 창의와 열정을 고취하는 제안제도와 사내 벤처를 활성화하고 M&A, A&D에 능동적으로 대응할 수 있는 개방화된 새로운 기업 문화를 지향한다.

생활양식과 사회 성격의 변화

전기 문명의 삼총사로 일컬어지는 전화, 라디오, TV가 이제는 휴대용 전화기, PDA(Personal Digital Assistant), MP3

(MPEG Layer-3), 인터넷 방송국 등 새로운 매체로 발전해 나가고 있다.

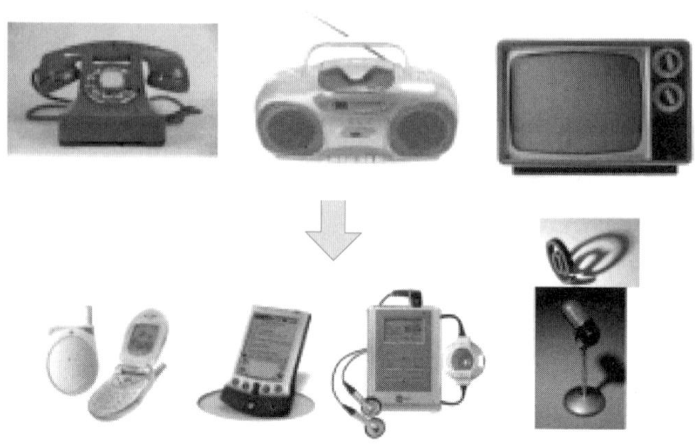

새로운 세대들이 등장하고 있다. 1977년 이후 출생한 'N(Net) 세대'는 TV보다 컴퓨터를 선호하는 세대이고, 1994년 이후 출생한 'I(Internet) 세대'는 어린 시절부터 컴퓨터와 마우스, 키보드 같은 것들을 가지고 논다.

인터넷 세상 속에서 네티즌의 분신인 아바타를 가진 한국인들이 이미 1000만 명을 넘어섰다. 이들은 아바타를 예쁘고 멋있게 꾸미는 데 서슴지 않고 돈을 쓴다.

온라인 게임에서 이기기 위해 좋은 무기(Item)를 사기도 한다. 실물 세계에서 온라인 게임의 화폐가 거래되고 있으며, 어떤 명검(名劍)은 1000만 원에 거래된 일도 있다고 한다.

디지털 인재의 조건

N세대(Net Generation), 1318세대, I세대(Internet Generation)

Source : www.freechal.com

　이들이 새로운 문화를 몰고 오고 있다. 끼리끼리 모이는 세상이 된 것이다. 인터넷 세계에서 조성되는 커뮤니티가 대표적인 예이다. 동창회 사이트로 유명한 '아이러브스쿨 (iloveschool)'은 단기간에 980만 명이라는 이용자를 확보했다. 여성들끼리 모이는 '마이클럽(myclub.com)'을 비롯한 전문 포털의 출현 또한 커다란 커뮤니티를 만들어 가고 있다.

　재미있는 것은 아이러브스쿨 커뮤니티가 엄청난 성장세를 기록하는 가운데 '아이헤이트스쿨(ihateschool)'이라는 커뮤니티도 등장했다는 사실이다. 아이헤이트스쿨은 교육 제도의 문제점, 학교를 둘러싼 비리, 체벌, 촌지, 교우 관계 등 학교와 교사에 대한 말 못할 불만과 고민을 털어놓는 묘한 모임터이다.

2002년 월드컵에서 세계를 뜨겁게 달구었던 붉은 악마의 ‘FORZA COREA(힘내라, 한국)!’ 외침도 몇 명 안 되는 네티즌들이 만들어 낸 작품이다.

사회 성격도 많이 바뀌었다. 감정, 유연성 등이 중시되는 가운데 ‘3F(Female, Fashion, Feeling)의 시대’가 도래하고 있다. 하드 소사이어티(Hard Society)가 소프트 소사이어티(Soft Society)로 변화하면서 여성에게 더 많은 기회를 제공하고, 여성의 역할 증대를 기대하게 된 것이다.

직업 세계 또한 새로운 시대상을 반영하면서 커다란 변화에 직면하고 있다. 수많은 기존 직업들이 쇠퇴하고 새로운 직업이 등장하면서 세분화, 전문화 추세가 가속화되고 있다. 산업혁명 당시에는 400여 종에 지나지 않던 세계의 직업이 이제는 5만 종에 육박하는 상황이고, 우리나라 역시 1960년대에 약 1000종에 불과했던 직종이 이제는 2만 종을

사이버 작가

웨딩 플래너

넘어섰다. 몇 년 전만 해도 웨딩 플래너(Wedding Planner), 메이크업 아티스트(Make-up Artist), 애완견 미용사, 사이버 작가, 출장 세차원, 네이미스트(Namist; 전문적으로 기업명이나 상표, 도메인명과 같은 이름을 짓는 사람) 등은 존재하지 않던 직업이었다.

고객의 시대

바야흐로 '고객의 시대'가 열리고 있다. '프로슈머(Prosumer)'라는 단어의 의미는 소비자(Consumer)가 생산자(Producer)의 역할까지 하게 된다는 것으로, 20여 년 전 앨빈 토플러(Alvin Toffler) 박사가 『제3의 물결』에서 이미 언급한 바 있다. 이와 비슷한 현상이 우리 주변에서 많이 목격되고 있다.

이제는 컴퓨터를 살 때 본인이 원하는 사양의 '맞춤 PC'가 얼마든지 가능하다. 오디오 매장에 있는 CD를 싫어하는 젊은이들도 있다. 사고자 하는 CD 안에는 자신이 원하지 않는 곡도 들어 있기 때문이다. 이들은 자판기를 찾는다. 1만 원 내고 인터넷에 접속해서 원하는 곡만 골라 CD를 만든다. 'My CD' 의 세상이다.

'프라이스라인(Priceline.com)' 을 보자. 여기에서는 항공기 티켓을 살 때 고객이 필요 시점과 지불 가능한 가격 등을 항공사에 제시하여 조건이 맞으면 거래가 성립된다.[11] 나아가서 금융 기관으로부터 차입을 할 경우에도 빌리는 사람 쪽에서 부담 가능한 연간 이자 등의 차입 조건을 제시한다. 그런 조건으로 돈을 빌려 줄 금융 기관이 있으면 연락하라는 식이다.

이러한 변화는 기업의 전략 전개 방향을 뒤집어 버렸다. 종래의 기업들은 '인사이드아웃(Inside-out) 전략' 을 주로 구사해 왔다. 즉, 기업 내부에서 전략을 수립하고, 시장에 나가 이를 구사하는 전략 모델이었다. 그러나 이제는 고객이 어떤 니즈(Needs)를 가지고 있는지, 또는 숨겨진 어떤 원츠(Wants)나 의사(Intention)를 가지고 있는지를 수용하는 전략을 기업 내부로 가지고 들어와 반영하는 '아웃사이드인

구분	전통적인 비즈니스 디자인	e-비즈니스 디자인
주요 트렌드	•제품 초점 •경직되고 기능 지향적인 시스템	•고객 초점 •유연하고 통합된 서비스 어플리케이션
주요 가정	•원가 절감이 성공의 열쇠 •임무 중심	•고객 관계가 성공의 열쇠 •솔루션 중심

(Outside-In) 전략' 으로의 전환이 불가피해졌다.

경계의 붕괴

업종 간의 경계도 무너지고 있다. 백과사전의 대명사 '브리태니커 백과사전(Encyclopaedia Britannica)' 이 어느 날 갑자기 업계 1위의 자리를 내주고 말았다. 엉뚱하게도 마이크로소프트의 '엔카르타(Encarta)' 가 치고 올라온 것이다.

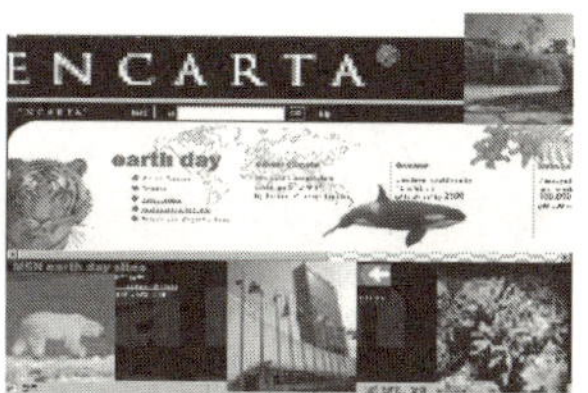

왜 이런 일이 벌어지게 되었는가? 바로 매체의 경쟁력 때문이다. 우선 종이 백과사전을 사려면 1200달러 이상을 주어야 하지만 CD에 담긴 백과사전은 73달러에 불과하다. 이러한 가격 차이는 한계생산비의 격차에서 비롯된다.[12]

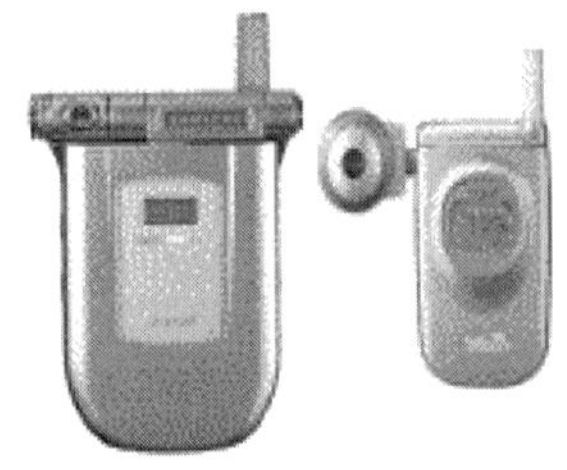

나아가 CD 백과사전을 구입하는 사람은 훨씬 더 좋은 서비스를 받을 수 있다. 화려한 동영상 정보도 볼 수 있고, 가만히 집에 앉아 최신의 정보를 계속해서 받아 볼 수 있다.

내용이나 부가 서비스 측면에서도 격차가 크다. 오랜 세월을 거치며 형성된 업계의 판도를 새로운 매체가 갑자기 흔드는 것이다. 경쟁자 또한 전혀 예상하지 않았던 다른 업종에서 등장하기도 한다. 10~15년 전에는 상상도 할 수 없었던 일들이 벌어지고 있다. 어느 누가 카메라와 핸드폰이 합쳐질 것이라고 상상이나 했겠는가?

'퓨전(Fusion)의 시대'가 열리고 있다. 재즈와 국악이 한 무대에서 협연을 하며 지휘는 서울에서, 피아노 연주는 뉴욕에서 하는 세상이 되었다. 음식도 뒤섞이고 있다. '파와 된장버거'가 나오는가 하면 '치즈 된장찌개'가 동서양의 장수 음식을 한입에 맛보게 해준다.

금융업계에서도 경계가 붕괴되어 은행과 신용카드회사, 보험회사 등을 겸업하는 체제가 대두되고 있다. 2003년 우리나라에서도 방카슈랑스(Bancassurance; 은행과 보험사가 서로 연계하여 광역의 금융서비스를 제공하는 것) 제도가 선을 보이기 시작했다. IBM, 마이크로소프트 같은 IT 회사가 은행업에 진출하는 등 경계의 붕괴는 도처에서 일어나고 있다.

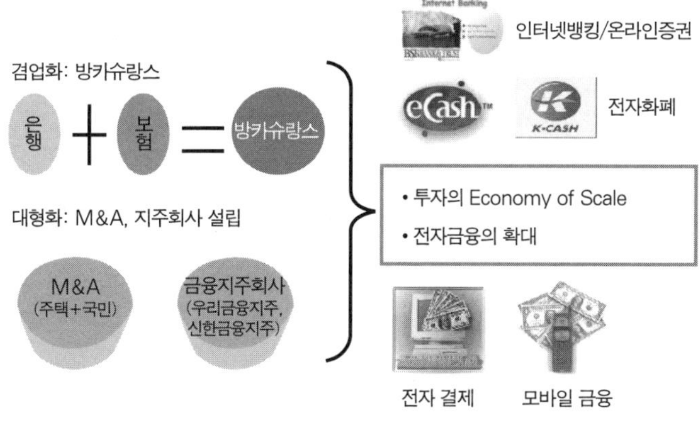

1957년 독일의 석탄과 프랑스의 철강 자원을 공유하기 위한 유럽의 작은 협약에서 출발한 모임이 이제는 EU(The European Union)로까지 발전하면서 15개국 공용 화폐인 '유로(EURO)'가 등장하는 등 일부 지역에서는 국가 간의 경계마저도 무너지고 있다. 모든 경계는 붕괴되고, 최고의 명성 또한 하루아침에 무너져 버릴 수 있는 격변의 시대가 도래하고 있는 것이다.

사업 방식의 변화

‘피자헛(Pizza Hut)’은 캔자스(Kansas) 주의 위치타(Wichita)로 유명하다. 도대체 그곳에 가면 피자헛의 무엇이 있을까?

그곳에는 피자헛의 컴퓨터 센터가 있다. 북미 지역 어느 곳에서의 주문도 이 컴퓨터 센터로 들어오고, 컴퓨터는 주문을 한 사람의 주소와 지역적으로 가장 가까운 피자헛 매장에 지시를 내려 30분 내에 배달한다.

KTF의 ⓝ Taxi 서비스의 경우, 길을 가다가 휴대 전화로 택시를 호출하면 위치 추적(GPS)에 의해 휴대 전화 소지자와 가장 가까이 있는 빈 택시가 순식간에 나타난다. 신기술이 기업의 사업 방식을 바꾸도록 만들고 있는 것이다.

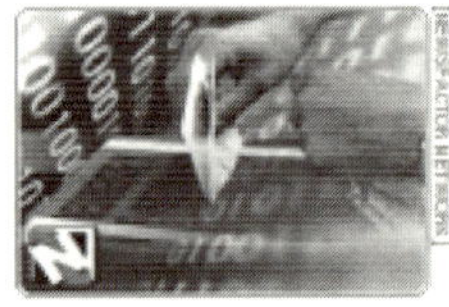

e-비즈니스 전략의 유형을 살펴보자. 세로축의 윗부분은 기존 사업의 경쟁력 강화, 아랫부분은 신규 사업 진출의 구분이다. 왼쪽은 전통 오프라인(Off-line) 기업, 오른쪽은 온라인(On-line) 기업의 구분이다.

 디지털 인재의 조건

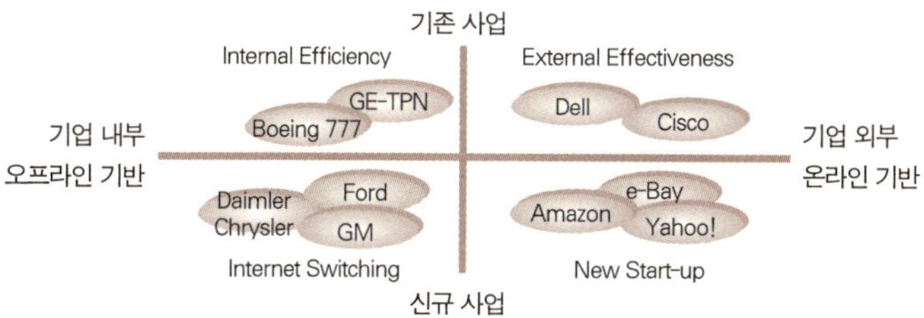

사분면의 좌상면(左上面)은 기업의 내부 효율을 증진하는 측면의 'e-비즈니스 전략'이다. GE의 경우, TPN(Trade Processing Network)이라는 자재 구매 시스템을 만들어 글로벌 온라인 입찰 방식으로 자재를 조달함으로써 자재 구매 비용을 20% 절감했다. 구매 요원 인건비도 30% 줄일 수 있었다.

'보잉(Boeing)'은 777 비행기를 설계하면서 설계 도면이 방대하여 종이를 사용할 경우 변경 관리가 어려울 것으로 판단하였다. 그리하여 설계 초기 단계부터 협력 회사들과 인터넷을 통해 부품 정보, 설계 사양 등을 주고받는 방식으로 비행기를 설계함으로써 설계 비용을 73%나 절감했다.

좌하면(左下面)은 '업태(業態)의 전환'이다. 미국의 자동차 업체 빅3는 '코비진트(Covisint)'라는 이름의 자재 공동 구매 '이마켓플레이스(e-Marketplace)'를 구축하여 특수 부품 이외의 상용 부품을 함께 사용하는 방식으로 원가 절감에 나섰다. 그 결과 3사는 연간 180억 달러를 절약할 수 있었다.[13] 적과의 동침도 불사하게 된 것이다.

나아가 포드 자동차 회사는 "이제 더 이상 우리 회사는 자동차 제조회사(Automobile Manufacturing Company)가 아니다"라고 선포했다. 이는 자동차 관련 메타 마켓(Meta-market; 다양한 가치창출공동체로 구성된 거대한 시장 네트워크)에서 메타 미디어리(Meta-mediary; 모든 것을 다 다루는 중개서비스 기업)가 되겠다는 것으로, 자동차 관련 부품, 액세서리, A/S, 할부 금융, 잡지 등 자동차와 관련된 모든 것을 망라하는 종합 서비스 제공 회사로의 변신을 선언한 것이었다.

우상면(右上面)은 '대외 경쟁력 강화' 측면이다. 보통 세계적인 기업이라면 생산 기술이 뛰어나든지 상품 기획력이나 마케팅 능력이 출중하다는 식의 핵심역량 몇 가지는 있게 마련이다. 그러나 델(Dell)은 이러한 역량을 갖춘 회사는 아니다. 그럼에도 불구하고 세계 제일의 PC 업체가 된 이유는 무엇일까?

델은 1984년 1000달러의 자본으로 출발했기 때문에 대규모 공장을 건설할 여력이 없었다. 따라서 생산은 제조 경쟁력이 높은 기업에 맡기는 방식을 취했다. 유통에 있어서도 인터넷을 이용한 최종 소비자와의 직접 거래 방식을 택함으로써 유통망 구축 비용을 일체 들이지 않았다. 이 회사 최대

 디지털 인재의 조건

의 강점은 고객에 집중하여 고객의 개별 니즈에 철저히 부응하는 한편, 세계 최강의 글로벌 공급망(Global Supply Chain)을 구축하여 원가 경쟁력과 스피드 경쟁력을 동시에 확보한 데 있다.

시스코는 거래의 90% 이상을 온라인으로 처리하여 비용 절감 및 스피드 경영을 실현하고 있고, 이를 위해 매년 매출액의 8%를 정보화 예산으로 투자하고 있다.

우하면(右下面)은 '신규 사업 진출'이다. 이베이는 인터넷을 통한 경매 방식을 비즈니스 모델로 삼아 200만 개 이상의 품목을 취급하는 세계 최대의 경매 사이트로 발전하면서 지금까지 가장 성공적인 비즈니스 모델로 평가받고 있다. 이베이는 지난 2001년 우리 나라의 옥션(auction.co.kr)을 인수한 바 있다. 야후(Yahoo), 엔에이치엔(NHN), 다음(Daum) 등은 정보 포털 사이트로 성공한 대표적인 기업들이다.

e-비즈니스 시대는 '4C의 시대'라고 한다. 차별화된 콘텐츠(Contents)를 가지고 커뮤니티(Community)를 모으고, 그들을 대상으로 상거래(Commerce)를 한다. 그리고 이에 있어

서 무엇보다도 중요한 것은 커뮤니케이션(Communication)이라는 의미이다.

유통 혁명

기업과 고객이 인터넷을 통해 직접 접촉하는 사례가 점차 증가하고 있다. 비싼 땅에 많은 투자를 수반하는 물리적 유통망을 인터넷이 대신하게 된 것이다. 이는 비용 절감은 물론 고객에 대한 발 빠른 서비스를 가능하게 한다는 이점(利點)도 있다. 이 때문에 이제 기업과 고객 간의 거리는 ‘One Mouse Click의 거리’라는 표현까지 등장하고 있다. 유통의 기능이 단순히 소비자에게 상품을 보여 주고 인도하는 종래의 역할로부터 크게 변신하지 못한다면 그 존재가치를 유지하기가 어려운 상황이 된 것이다.

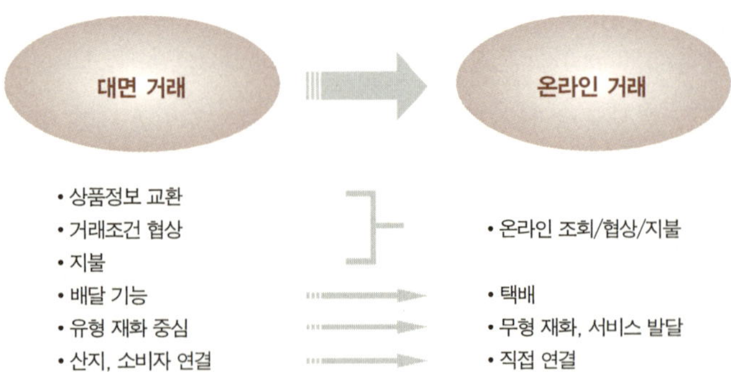

무역도 마찬가지이다. 예전에는 무역 회사로부터 서비스를 받으려면 건당 150달러 정도의 비용이 필요했지만, 요즘 인터넷을 통한 무역이라면 건당 6달러로 족하다.

인터넷상에서 중개자의 역할을 하는 회사들이 속속 등장하고 있다. 증권 거래 중개 역할을 하는 '찰스 슈왑(Charles Schwab)', 온라인 헤드 헌팅 회사인 '잡트랙(Jobtrak)', 온라인 경매 업체인 이베이 등은 사고파는 사람들을 저렴한 비용에 효율적으로 링크시켜 주는 대표적인 신생 온라인 중개 업자들이다.

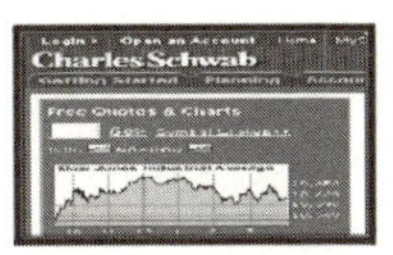
중개형(www.schwab.com)
온라인 주식거래 중개서비스

매칭형(www.jobtrak.com)
구인/구직 중개

경매형(www.ebay.com)
온라인 중고품 경매

네트워크의 위력 증대

하드(Hard)적으로 보면 네트워크는 정보 재화를 운반하는 고속도로로서, 사업 경쟁력의 기본 인프라이다. 기업의 홈페이지이든 e-비즈니스 시스템이든 네트워크가 적정한 수준의 고속도로가 되지 못해 오랜 시간 기다려야 한다면 그 웹사이트는 외면당하게 될 것이다.

소프트(Soft)적으로 보면 네트워크는 네트워크 경영을 의미한다. 글로벌 관점에서 차별화할 수 있는 핵심역량만 보유하고 나머지는 모두 전문 기업에 아웃소싱하거나 파트너와의 전략적인 제휴를 통해 비즈니스를 전개해 나가는 경영 방식인 것이다.

글로벌 네트워크의 위력은 날이 갈수록 커져 가고 있다. 나이키(Nike), ABB, 베네통(Benetton), 노키아(Nokia) 등 많은 유수 기업들은 핵심역량만 보유하고 나머지는 모두 제휴 형태로 아웃소싱하고 있다.

나이키의 핵심역량은 상품 기획과 마케팅이다. 생산, 유통 등 주요 기능 모두를 전문 협력 업체에 맡기고 있다. 심지어 요즘은 신제품 설계의 절반 정도를 우리나라의 태광실업이 수행하고 있을 정도이다.

이러한 움직임이 확산되고 있는 것은 인터넷을 통해 온라인 리얼타임(Realtime)으로 정보 교류가 가능해졌기 때문이다. 제휴 기업들은 이러한 정보 공유의 기반을 바탕으로 하나의 기업처럼 움직이는 이른바 '가상 기업(Virtual Enterprise)' 체계를 만들어 가고 있는 것이다.

 디지털 인재의 조건

이런 가운데 강자들 간의 연합이 날이 갈수록 확대되고 있다. 약자와 손을 잡으려는 기업은 없을 것이므로 당연한 현상이라 하겠다. 이러한 네트워크의 힘은 구성원 수(數)의 제곱에 비례한다. 이것이 '메트칼프의 법칙(Metcalfe's Law)'이다. 네트워크의 위력이 기업력을 좌우하는 시대가 된 것이다.

지금 우리나라에서는 '코리아앳홈(Korea@HOME)'이라는 프로젝트가 진행되고 있다. 이 프로젝트는 인터넷 기반의 분산 컴퓨팅(Computing) 기법을 활용해 수십에서 수백만 대의 유휴 PC를 모아 가상의 대용량 슈퍼컴퓨팅(Super-computing)을 구현하는 것이 기본 목표이다. 정부는 세계 최고 수준의 초고속 인터넷 망과 1000만대 이상의 유휴 PC를

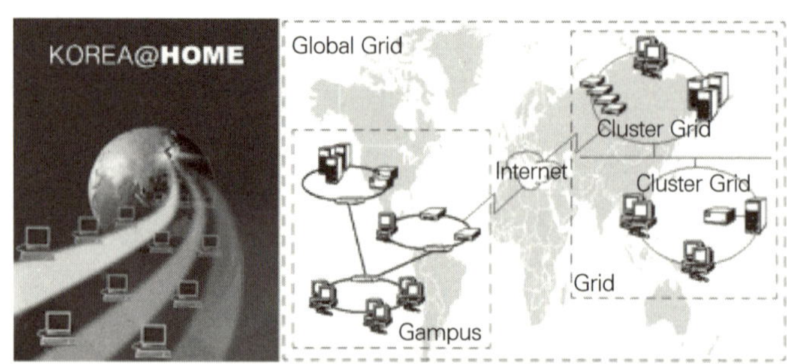

인프라로 활용해 첨단 산업에 응용하면 연구 및 산업 기술 경쟁력을 크게 제고할 수 있을 것으로 내다보고 있다. 정부는 이번 프로젝트를 암 치료제나 기상(氣象) 연구와 같은 대다수 국민이 호응할 수 있는 공공 분야의 과제와 미래 첨단 산업 분야에 적극 연계하기로 했다.

강자와 약자의 격차 심화

강자와 약자와의 차이가 점점 더 벌어지고 있다. 노동력이 중요시되던 옛날 농경 사회에서는 동네에서 가장 힘센 장사와 일반인 간의 완력의 차이라고 해봐야 1대 3이나 1대 4 이상의 차이는 나지 않았을 것이다. 그러나 산업 사회로 접어들면서 누가 자본력이 큰지, 누가 기술력이 강한지 등에 따라 그 격차가 1:10, 1:20 등으로 벌어지기 시작했다.

하지만 정보화 사회가 시작되자 강자와 약자 간의 격차는

디지털 인재의 조건

무한대라 해도 과언이 아닐 정도로 더 큰 폭으로 벌어지고 있다. 마이크로소프트의 PC 운영 체제인 윈도우즈(Windows)나 워드(Word), 파워포인트(Power Point) 등 사무 실용 소프트웨어는 세계 시장의 80~90%를 거머쥐고 있다. '승자 독점(Winner takes all)'의 시대가 된 것이다.

최초로 마켓(Market)을 거머쥔 5개의 기업이 시장 점유율의 80%를 거머쥔다. 기회 선점의 중요성은 이래서 더욱더 큰 의미를 가지게 된다.

과거에는 강자와 약자가 공존했고, '나눠 먹기'도 가능했었다. 후발 주자의 메리트(Merit)라는 것도 있었다. 선진 기업의 강점을 배우고 최신 설비와 공법을 적용해서 열심히 노력하면 오히려 선발 기업을 능가할 수도 있었다. 하지만 글로벌 경제 시대를 맞아 이제는 글로벌 스탠더드 대열에 동참하지 못하는 상품과 기술, 기업은 지구상에서 사라지고, 글로벌 스탠더드를 쟁취한 자만이 번영을 누리는 세상이 되었다.

또한, 시장이 성숙 단계에 접어들면 3개의 큰 기업이 시장 점유율의 60%를 차지하게 된다(Rule of Three). 자동차의 경우는 GM, 포드, 다임러-크라이슬러 등 빅 3가 시장을 석권하고 있고, 햄버거는 맥도날드, 버거킹, 웬디스가, 타이어는 미쉐린(Michelin), 굿이어(Goodyear), 브릿지스톤(Bridgestone)이 시장을 3분하고 있다. 이제 '패자 부활전'의 기회도 없다.

개인 경쟁력의 관점에서도 정보를 가진 자와 가지지 못한 자, 정보를 잘 활용하는 자와 그렇지 못한 자 간의 정보력 격차, 그리고 이로 인해 발생하는 경제력 격차는 날이 갈수록 커지고 있다(Digital Divide; 정보 격차).

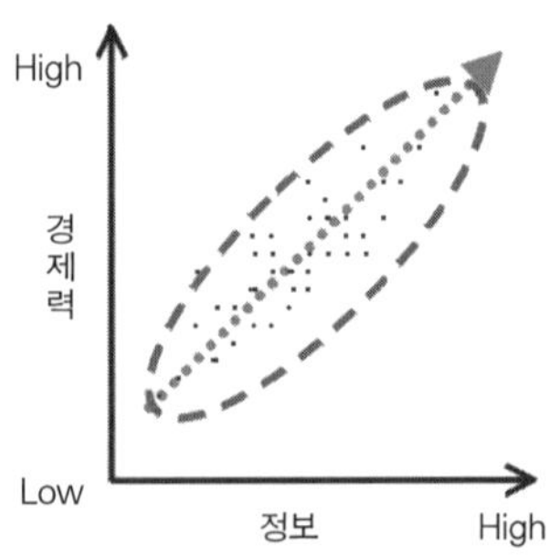

디지털 인재의 조건

시사점

이상 10가지 관점에서 디지털 시대의 특성을 돌아보았다. 이들이 시사하는 점들을 음미하고, 능동적으로 대응해 나가야만 할 것이다.

아래에 기본적인 시사점을 기술하였다.

정보와 지식의 중요성

- 정보력 강화
- 지식경영(Knowledge Management)의 활성화
- 정보와 서비스에 의한 경쟁력 차별화

  (웬만한 하드웨어는 누구나 다 만듦)

시간, 공간, 속도의 개념 변화

- 시간, 공간, 속도의 제약 탈피
- 이를 뒷받침하는 정보 시스템 인프라 구축
- 고속화된 비즈니스 프로세스 실현

디지털화

- 융합(Convergence) 제품과 서비스의 개발
- 제품의 네트워크화

　- 열린 기업 문화 조성

생활양식과 사회 성격의 변화

- 신세대에 부응하는 상품과 서비스의 개발
- 커뮤니티를 키우는 전략
- 직업의 세분화, 다양화 추세에의 대응

고객의 시대

- 고객이 원하는 솔루션에 대한 이해
- 충성스러운 고객의 확보와 유지 전략
- 고객 데이터베이스의 고도화

경계의 붕괴

- 경쟁 우위 확보를 위한 신기술 응용 전략
- Fusion 상품과 서비스의 개발
- 원스톱(One Stop) 금융 서비스의 구현

사업 방식의 변화

- 정보 시스템에 의한 내부 효율 증진
- IT와 네트워크를 활용한 대외 경쟁력 강화
- 오프라인 사업의 온라인 전환과 새로운 온라인 사업 모

 디지털 인재의 조건

델의 개발

유통 혁명

- 정보 기능이 강화된 중개 서비스의 구현
- 고효율 공급망의 구축
- 대고객 서비스의 명확한 차별화

네트워크의 위력

- 선택과 집중에 의한 핵심역량 강화
- 강자와의 긴밀한 제휴와 역할 분담
- 휴먼 네트워크의 확충

강자와 약자의 격차

- 기술/시장 선점을 위한 기회 경영
- 글로벌 스탠더드의 주도와 동참
- 약자를 생각하고 더불어 함께하는 배려

이 밖에도 많은 시사점이 있을 것이다. 독자 여러분께서
도 생각해 보시기 바란다.

4 인재상의 변화

구시대의 인재상

지금과 비교하면 20세기의 인재상은 비교적 단순했다. 적정 수준의 상식과 외국어 능력 및 표현력을 기본적으로 갖추고, 상사의 지시에 순응하고 회사의 규율을 잘 지키며 성실하게 일하면 대부분 인재로 인정받을 수 있었다. 여기에 더하여 저돌적인 자세로 물불 안 가리고 회사를 위해 뛰면 진취적이고 충성심 높다는 평가를 받을 수 있었다.

정보화 사회 이전의 산업 사회에서는 자본이 없으면 기업을 만들기도 어려웠고, 산업 구조도 단순해서 창업이 쉽지 않았다. 따라서 업종이나 직업의 종류가 다양하지 않아 직업 선택의 폭도 크지 않았고, 조직의 일원으로 묵묵히 일하면서 점진적 발전을 도모할 수밖에 없었다. 그 때문에 조직 내의 성실성과 로열티가 대단히 중요한 덕목으로 작용했다.

새 시대의 인재상

이제 시대가 바뀌었다. 전문가들이 이야기하는 새 시대의 인재상은 크게 3가지로 압축된다. 한마디로 스페셜리스트(Specialist), 제너럴리스트(Generalist), 휴머니스트(Humanist) 등의 3박자를 골고루 갖추어야 한다는 것이다. 이는 어떤 측면에서는 모순을 안고 있는 듯 느껴지기도 한다.

'스페셜리스트가 되면서 동시에 제너럴리스트도 되어야 한다.' 이는 자신의 분야에서 최고의 전문가가 됨은 물론이고 다방면에 걸쳐서도 많이 알아야 한다는 상반된 요구이다. 물론 쉬운 일은 아니다. 그러나 토마스 헉슬리(Thomas H. Huxley)는 이런 이야기를 했다. "We should know something of everything and everything of something." 이게 바로 제너럴리스트도 되어야 하고 스페셜리스트도 되어야 하는 이유이다.

스페셜리스트라는 것은 따로 설명할 필요가 없겠지만, 굳이 한마디로 표현하자면 자신이 속해 있는 분야에서 최고의 전문가라고 할 수 있겠다.

주변에서 누군가에 대해 '저 사람은 정말 아름다운 사람'이라는 느낌을 받은 적이 있을 것이다. 무대에서 열창하는 가수, 득음(得音)을 위해 피를 쏟는 명창(名唱), 몸을 던져 수비하는 내야수, 놀란 라이언(Nolan Ryan)처럼 45살의 나이에도 불구하고 공을 던질 때마다 전력 투구를 함으로써 절로 탄성이 나오게 하는 사람, 가슴 뭉클한 감동을 주는 연기자, 교통 사고를 입어 중상을 입고도 대국에 임하는 조치훈 9단 같은 사람들을 보면 정말 아름다워 보이고, 이들이야말로 진정으로 자신의 직업에 목숨을 건 스페셜리스트라는 느낌을 받는다. 스페셜리스트는 결국 '모두에게 감동을 줄 정도의 프로페셔널 의식과 장인 정신을 가진 사람'이라고 할 수 있을 것이다.

"Whose life is the most beautiful? The one who has a job and a person he/she could die for(어떤 사람의 인생이 가장 아름다운 것일까? 그것은 자신의 목숨을 걸 만한 일과 목숨 바쳐 사랑하는 사람을 가진 사람이다)." 이것이 스페셜리스트의 직업 의식이요 인생 행로이다.

제너럴리스트는 다방면에 걸쳐서 많은 것을 아는 사람이다. 'T자형 인재'라는 말이 있다. 세로의 'ㅣ'는 전문가로서의 깊이를, 가로의 'ㅡ'는 다방면에 걸쳐 두루두루 많은 것을 앎을 뜻한다. 여기에서 가로에 해당되는 것이 바로 제너럴리스트이다. 이는 나무도 보고 숲도 볼 줄 알아야 한다는 말과도 상통한다. 기업에 비유하자면 기술자는 경영을 알아야 하고, 관리자는 기술을 알아야 한다는 이야기이다. 아는 것만큼 보이게 마련이다. 모르는 것은 느낄 수가 없다.

디지털 융합화 현상이 도처에서 벌어지고, 모든 것의 경계가 무너지는 세상이다. 도태되지 않으려면 다방면에 걸쳐 많이 알아야 한다. 속도의 경쟁이 격화되고 있다. 남보다 한 발 앞서 가려면 동물적인 감각으로 판단하고 행동해야 하는 것이다.

이제 'T자형 인재'로도 미흡하다. '十자형 인재'가 되어야 한다. '十'의 가로는 'T'의 가로와 다르게 절반 정도 내려와 있다. 이는 수박 겉핥기식의 제너럴리스트가 아니라 반(半)전문가(Semi-professional) 수준이 되어야 한다는 뜻이다.

휴머니스트는 남의 입장을 헤아릴 줄 알고, 협력할 때는 기꺼이 협력하는 사람이다. 또한 언제든 상대로부터 흔쾌히 협력을 얻어 낼 수 있는 밝고 고운 심성과 폭넓은 휴먼 네트워크를 가진 사람이다.

스페셜리스트가 되는 길

확고한 꿈

'사람은 꿈꾸는 것만큼 이룬다' 라는 말이 있다. 고고학자인 슐리만(Heinrich Schliemann)은 어린 시절 아버지로부터 『어린이를 위한 역사 이야기』라는 책을 크리스마스 선물로 받았다. 그는 책에 나오는 '불타는 트로이(Troy) 성'에 빠져들어 언젠가는 성터를 찾아내고야 말겠다는 생각을 갖게 되었다.

성인이 되어 사업을 하던 그는 36살의 나이에 사업을 중단하고 트로이 성 탐사에 나섰다. 그리고 4년간의 연구 조사 끝에 그는 터키 서안(西岸)의 '히사클리크' 라는 언덕이 바로 트로이 성이 있던 자리라는 사실을 확인하고, 그 유적지를 발굴하게 된다. "If you can dream it, you can do it(뜻

『어린이를 위한 역사 이야기』 속의 트로이 성

발굴된 트로이 성의 유적지

디지털 인재의 조건

이 있는 곳에 길이 있다)."

'조건부 운명론'이라는 것이 있다. 이것은 오늘이 그저 흘러가서 내일이 되고, 모레가 되고, 10년 뒤가 되는 것이 아니라 '꿈이 담긴 미래가 빠른 속도로 다가와 오늘이 된다'는 것이다. 이는 "Think 10 years out and plan back to the present"라는 말과 맥락을 같이한다. 10년 후의 꿈을 꾸고, 이를 이루기 위해 오늘 내가 할 일은 무엇인가를 생각하고, 이를 하루하루 착실히 실천에 옮기면 그 꿈은 반드시 이루어진다는 것이다.

적성 파악

사람마다 적성이 다르고, 각각의 장단점이 있게 마련이다. 자신의 장기가 무엇인지, 어떤 분야에 흥미가 있는지를 확인하고 적성에 맞는 분야를 택하는 것은 대단히 중요한 일이다. 만약 적성에 맞지 않는 분야에 진출한다면 이는 자기 치수에 맞지 않는 옷을 입는 어색함과 다르지 않을 것이다. 적성에 맞지 않거나 흥미가 없는 분야에 몰입하기란 대단히 어려운 일이기도 하거니와 좋은 성과를 기대하기도 쉽지 않다.

내가 컴퓨터와 처음 만난 것은 1975년이었다. 상과대학에서 경영학을 공부하고 은행에 들어가 지점과 은행장 비서

실에서 행원 시절을 보냈다. 그러다가 대리로 승진하여 다른 부서로 가게 되었는데, 비서 일 하느라 고생을 많이 했으니 원하는 부서를 애기하면 보내 주겠다는 상사의 호의에 전산과로 보내 달라고 요청했다.

상사의 반응은 예상대로였다. "상과대학 나온 놈이 무슨 수로 컴퓨터를 해보겠다는 거야? 그곳에는 주로 수학이나 통계학을 공부한 이공계 출신의 전문가들이 포진하고 있는데 어떻게 적응을 하겠다는 건지. 원하는 부서를 애기하면 보내 준다는데, 왜 그래?" 한마디로 '미쳤다'는 것이었다. 그런데도 떼를 써서 전산과로 갔다. 이유는 단 하나였다. 바로 컴퓨터에 대한 호기심 때문이었다.

나는 이때 '적성'이라는 것이 얼마나 중요한지 실감할 수 있었다. 나는 정말이지 컴퓨터의 '컴' 자도 모르는 상태에서 공부를 시작했다. 그 당시 우리나라에 컴퓨터와 관련된 책이라고는 성기수 박사의 『코볼 연습』이라는 책 한 권뿐이었다. 금융연수원에 가서 3개월의 기초 과정을 배우면서 한편으로는 틈틈이 IBM 영문 매뉴얼을 읽기 시작했다. 모르는 것은 다음날 선배에게 물어보는 식으로 6개월을 공부했다. 어렵기는 했지만 하나하나 익혀 나가는 과정이 그렇게 재미있을 수가 없었다.

6개월 정도 지나자 선배들도 쉽게 답을 하지 못하기 시작

디지털 인재의 조건

했다. 6개월 전만 해도 그들은 나에게는 감히 넘볼 수도 없는 신비한 존재였었다! 나도 하면 되는구나, 얼마든지 저들 못지않게 할 수 있겠다는 자신감을 가지고 더욱더 열심히 공부했던 것으로 기억한다. 그렇게 하여 나는 적성에 맞는 일을 찾아낼 수 있었다.

프로페셔널의 시대를 맞아 아무런 몰두 없이 어떤 분야에서 최고의 전문가가 되기란 불가능한 일이다. 따라서 스스로 자신의 적성을 발견하기 위한 질문을 해보면서 적성을 찾아 가는 일이 대단히 중요하다. 나는 도대체 어떤 사람이 되기를 원하는가? 장단점은 무엇인가? 잘하는 것은 무엇이고, 못하는 것은 무엇인가? 어떤 소질과 취미를 가지고 있는가? 또, 나의 가치관은 무엇인가에 대해 깊이 생각해 보아야 한다.

중단 없는 전진

몇 년 전 회사의 신입 사원들에게 "우리 회사의 인재상이 무엇인가?"라고 물었다. 그들은 '자신의 작품(일)에 대해 처음부터 끝까지 끊임없이 고민하고 연구하며 노력하는 사람, 즉 아티스트(Artist)'라는 토론 결과를 보내 왔다.

'퇴고(推敲)'라는 것도 이와 같은 의미를 내포하고 있는 듯하다. 당(唐)나라의 시인 가도(賈島)는 나귀를 타고 가다가

시 한 수를 떠올렸다. 그것은 '鳥宿池邊樹 僧推月下門(새는 연못가 나무에 깃들고, 중은 달 아래 문을 민다)' 이라는 것이었는데, 문을 '민다(推)'고 해야 좋을지 문을 '두드린다(敲)'고 해야 좋을지 골똘히 생각하다가 그만 경조윤(京兆尹; 首都의 市長) 한유(韓愈)의 행차와 부딪히고 말았다. 한유 앞으로 끌려간 그가 연유를 얘기하자 한유는 껄껄 웃으며 잠시 생각하더니 "역시 민다는 '퇴(推)' 보다는 두드린다는 '고(敲)'가 좋겠군." 하며 가도와 행차를 나란히 하였다. 이때부터 글을 다듬는 것을 '퇴고(推敲)'라 하게 되었다.

명작은 그냥 탄생하는 것이 아닌 듯하다. 헤밍웨이(Ernest Miller Hemingway)는 원고를 수백 번 고쳐 가며 『바다와 노인』을 썼고, 투르게네프(Ivan Sergeevich Turgenev)도 원고를 서랍에 넣어 두고 석 달에 한 번씩 꺼내 고치고 또 고치는 부단한 노력을 기울였다. 이렇게 끊임없이 노력하는 것이 스페셜리스트로 가는 길이다.

요즘 세상은 지식인이 지식만 가지고 버틸 수 있는 시대가 아니다. 지식인이 체력으로 버티는 세상이다. 세계적으로 유수한 컨설팅 회사, 금융 회사에서 일하다가 30대나 40대 초반에 일을 그만두는 사람들이 적지 않다. 이유를 물어보면 많은 사람들이 '체력이 뒷받침되지 않아 나왔다'는 대답을 해 온다.

친구의 아들이 대학 재학 중 여름 방학을 이용해 어떤 금융 회사의 인턴 사원에 응시했다. 9명의 전문가가 개별적으로 인터뷰를 한 다음 "OK. 그런데 한 가지 조건이 있습니다. 우리 회사는 9시 출근, 새벽 2시 퇴근입니다. 지킬 수 있으면 내일부터 출근하십시오."라고 했다. 실제로 2개월 가까이 그렇게 일했다고 한다. 그러고는 어느 날 부르더니 "내일부터 전 직원이 4일간 외국으로 가족 여행을 떠난다"고 하더라는 것이다.

이제는 밤낮의 구분 없이 일하는 세상이다. 공부이건 체력 단련이건 끊임없는 자신과의 싸움을 통한 중단 없는 전진이 요구된다.

제너럴리스트가 되는 길

"대학 졸업 후 계속해서 공부하지 않는다면 그때까지 배운 지식이 얼마나 쓸모가 있을까? 5년이 지나면 절반은 쓸모없는 지식이 되고, 10년이 지나면 거의 전부가 소용없는 지식이 될 것이다."

30~40년 전에 있었던 얘기이다. 그런데 실제로 30~40년이 지나고 보니 변화의 폭과 속도란 그때 짐작하던 것과는 실로 엄청나게 다르다. 우리는 지금 가전제품과 휴대 전화

의 라이프 사이클이 6~10개월밖에 안 되는 초고속 변화의 시대에 살고 있는 것이다. 학교를 졸업한 후에도 평생 동안 공부를 하지 않으면 안 된다.

환경 자체도 복합적으로 변화하고 있다. 융합, 퓨전의 시대가 열리면서 불과 10~15년 전만 해도 감히 상상조차 할 수 없었던 일들이 벌어지고 있다. TV로 인터넷을 하고, PC로 영화를 본다. 음식도 뒤섞이고 있다. 참깨 소스를 끼얹은 이탈리아식 만두 요리, 된장 소스를 바른 프랑스식 닭고기 등 퓨전 음식들이 등장하고 있다. 급변하는 환경 속의 평생교육 시대는 우리들에게 상당한 수준의 폭넓고 깊이 있는 지식을 요구하고 있는 것이다.

본질 생각하기

무슨 일을 하건 본질에 관한 생각을 하는 습관을 길러야 한다. 나무만 보지 말고 숲도 보아야 한다는 뜻이다. 공부를 하건 일을 하건, 바쁜 세상을 사느라 쫓기다 보면 발등에 떨어진 불을 끄는 데에만 급급할 수밖에 없다. 그러다 보면 결국 작은 것은 열심히 잘 하는데 큰 것은 놓칠 수가 있다. 이 때문에 나는 다음과 같은 뜻을 가진 '멍청 사원론'을 주창한다.

"모두 다 바쁘지만 가끔은 창 밖을 내다보거나 공원 벤치에 앉아서 멍하니 숲을 바라보기도 하면서 생각하는 시간을

디지털 인재의 조건

가져라. 그래야 큰 생각도 할 수 있고, 그래야 큰 것을 놓치지 않는다.”

기업의 사회적 책임이 무엇일까? 경쟁력의 본질은 어디에 있는 것일까? 기업에 몸담고 있는 사람이라면 이 같은 문제에 대해 생각하면서 일해야 하고, 학교에 있는 사람은 인적 자원의 소중함을 자각하며 시대에 부응하는 인재 배출을 위한 노력을 기울여야 한다. 정치를 하는 사람은 국가 경쟁력 강화, 국민의 삶의 질, 국민 통합 등을 생각하며 국민의 공복(公僕)으로서 봉사하는 정신을 항상 잊지 않아야 한다. 이런 것들이 바로 본질에 해당되는 것이라 할 수 있다.

사서삼경(四書三經) 중 『대학(大學)』은 몸을 닦아 천하를 다스리는 원칙을 기술한 고전이다. 대학의 8조목(條目) 가운데 누구나 다 아는 4조목이 ‘수신제가치국평천하(修身齊家治國平天下)’이다. 그리고 나머지 4개의 조목이 바로 격물

(格物), 치지(致知), 성의(誠意), 정심(正心)이다. 이중 '격물치지'는 어떤 공부를 하건 간에 끝까지 파고들어 숨어 있는 참뜻, 즉 본질을 터득하는 경지에까지 이르도록 공부해야 한다는 의미이다.

다양한 공부

앞에서도 언급했듯이 자신의 전문 분야 이외의 공부도 다방면에 걸쳐서 폭넓게 해 나가야 한다. 특히 국제화 시대를 맞아 '어학 공부'도 생활화해야 한다. 노르웨이의 미래학자 스타이나 옵스타드(Steiner Obstad) 박사는 "앞으로의 국가 경쟁력은 인터넷을 통해 들어오는 다양한 정보를 국민이 얼마나 잘 소화해 내는가에 달려 있다."고 했다.

인터넷상에서 사용되는 언어의 70% 이상은 영어이고, 특히 '.com' 분야는 96%가 영어로 되어 있다. 동북아 시대가 열리면서 일본, 중국과의 교류가 확대되고 있는 가운데 3국 간 자유무역협정(FTA; Free Trade Agreement)도 거론되고 있다. 일본어나 중국어를 효율적으로 공부하려면 한자를 많이 알아야 한다.

'문화적 소양'도 매우 중요하다. 수학여행을 간 학생들에게 "선덕대왕신종을 볼래, 에밀레종을 볼래?" 하면 백이면 백 모두 에밀레종을 보고 싶다고 대답한다(둘은 같은 종의 다

디지털 인재의 조건

른 명칭). 수정란이 양계장에서 양산된 무수정란보다 2배나 비싸게 팔린다. 옛것에 대한 향수가 어려 있는 까닭이다. 바야흐로 문화의 시대이다.

한국디지털대학교 김중순 총장은 『문화를 알면 경영 전략이 선다』라는 저서를 통해 문화란 어떤 특정한 사회의 구성원에 의해 공유되거나 전승되는 지식과 태도, 습관적인 행동 기반의 총체(Ralph Linton)를 뜻한다고 하면서 책의 부제(副題)로 '문화맹(文化盲) CEO, 컴맹보다 무섭다' 라고 까지 강조했다.

나이든 세대라면 잘 아는 '빅터 레코드(Victor Record)' 는 축음기 옆에 개 한 마리가 귀를 쫑긋 세우고 앉아 있는 광고로 유명하다. 그런데 이것이 아랍 지역으로 가면 개가 앉아 있는 자리를 코브라가 대신 차지하고 있다. 전해오는 이야기에 따르면 개가 짖는 바람에 모하메드(Mohammed)가 체포되었고, 이후부터 이 세계에서 개는 '악의 화신' 으로 간주되고 있기 때문이라고 한다.

세계적으로 상품과 서비스의 교역량이 10년마다 2배씩 늘어나고 있는데, 여기에 문화가 묻어 다니고 있다. 이국(異國)의 문화를 모르면 장사하기도 어렵다는 문화의 시대, 문화를 이해하기 위해서는 그 밑바탕에 흐르는 역사와 언어를 이해하는 노력이 필요하다.

기업에 몸담고 있는 사람은 자신의 전문 분야가 아닌 다른 업무도 알아야 한다. 관리를 하는 사람은 기술과 영업, 구매에 대해서도 알아야 하고, 기술 전문 인력은 관리와 영업까지도 알고 있어야 한다. 기업에 있어 각 기능 분야의 최적이 전체의 최적이 될 수는 없다. 기업은 전체가 유기적으로 연결되어 돌아가는 생명체와도 같기 때문이다.

휴머니스트가 되는 길

인간 사회는 더불어 사는 공동 사회이다. 밝고 고운 심성을 가지고 공동체 내에서 서로를 존중하고 협력해 가며 생활하는 자세가 요구된다. 혼자서 잘할 수 있는 것도 있을 것이다. 그러나 다른 사람과 힘을 합치면 더 잘할 수 있다. 때문에 다른 사람과 기꺼이 협력을 주고받을 수 있는 자세를 갖추고 있어야만 한다. 남에게 기꺼이 협력할 수 있는 사람이 남으로부터 흔쾌하게 협력을 얻어 낼 수 있는 법이다.

무조건 '예스맨'이 되라는 얘기는 아니다. 필요한 경우에는 비판도 할 수 있어야 한다. 그러나 '건설적인 비판'이어야 한다. 냉소적이기만 한 비판은 상대의 마음을 상하게 하기 쉽고, 결과적으로 어떤 소득도 얻기가 어렵다. 비판을 할 때에는 의견과 이유를 명확히 하고, 대안을 제시하는 자세가 뒤따라야 한다. 앞에서 언급한 『대학(大學)』의 8조목 중 '성의정심(誠意正心)'은 '정성을 다한다. 바른 마음을 가진다'라는 의미를 가지고 있다. 이는 기본 중의 기본이다.

역지사지(易地思之)

협력의 출발점은 상대방의 입장에서 생각하고 행동하는 데 있다. 성경에도 'Do to others as you would be done by.'라는 구절이 있다. 대접받고 싶은 대로 남을 대접하라는 이 말씀이 바로 처지를 바꾸어 생각하라는 서양의 역지사지이다.

오늘날 하루 1달러가 안 되는 돈으로 연명하는 사람이 세계 인구의 1/6이나 되며, 이들을 위해 '넷에이드(Netaid)' [14]와 같은 국제 시민 단체들이 많은 노력을 기울이고 있다. 사회적 약자에 대한 배려가 절실한 실정이다. 한 국가 안에서도 전 국민이 골고루 잘 사는 균형 잡힌 사회가 이루어져야 그 사회가 건강하고, 국력도 튼튼해지는 법이다.

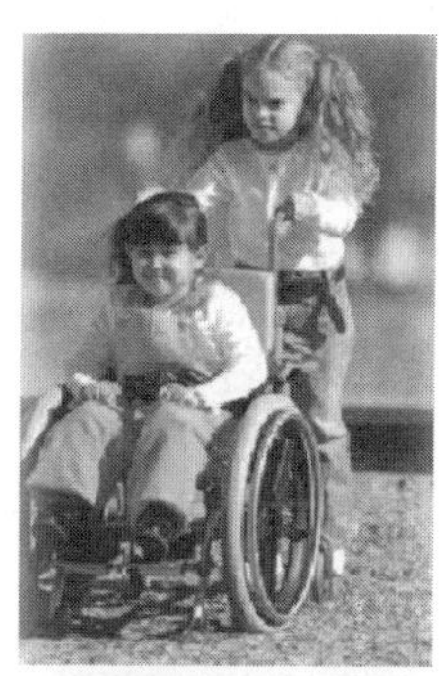

정보화 사회는 강자와 약자의 차

이가 더욱 커질 가능성을 가지고 있다. '소익부 노익빈(少益富 老益貧)'이라는 신조어처럼 정보화 사회에 있어서 젊은 층을 중심으로 정보를 많이 가진 사람들은 부자가 되고, 그렇지 못한 사람들은 더욱더 가난에 허덕이게 된다. 소위 '디지털 디바이드'의 문제로, 정보화 진전에 따른 일종의 역작용(逆作用)이라고 할 수 있다. 미국의 경우를 보면, 부(富)의 측면에서 상위 1%가 전체 소득의 40%를 차지하는 상황 속에서 연간 소득 7만 5000달러가 넘는 고소득층이 1만 달러 미만의 저소득층에 비해 인터넷 사용 비율에서 9배의 격차를 보이고 있어 빈부의 격차가 더더욱 커질 것을 우려하고 있는 실정이라고 한다.

자기 통제 능력

휴머니스트에게 요구되는 또 하나의 덕목은 '자기 통제 능력'이다. 이는 어떤 환경에 부딪히게 되더라도 자신의 책무를 다하는 자세, 최악의 상황까지도 수용할 수 있는 마음가짐 등의 강인한 의지 및 고난 극복 능력을 말한다. 또한 1999년 국내 유력 언론 기관에서 전개했던 '글로벌 에티켓 운동'과 같이 인간적인 예의범절 준수와도 연관될 수 있다.

이런 마음가짐이나 자세는 결국 다른 사람과의 협력에 있어 매우 중요한 바탕이 된다. 사실 사람은 별것 아닌 일로 기분을 상하는 경우가 상당히 많기 때문이다. 전화를 걸었을 때 상대방이 상냥한 톤으로 "여보세요↗" 하는 경우와 무뚝뚝하고 고압적인 느낌으로 "여보시오↘" 하는 경우는 대단히 짧은 말이지만 전화를 건 사람의 기분을 전혀 다르게 만든다.

후배가 비서를 시켜서 선배에게 전화를 하게 하고, 게다가 선배가 전화를 든 다음에 수화기를 드는 경우 선배는 무시당하는 느낌을 받게 될 것이다. 이러한 경우 그 동안 그 선배에게 성심껏 기울여 왔던 모든 노력이 일시에 무너져 버릴 수도 있다. 친구를 자신의 차에 태우고 갈 경우에도 상석에는 친구가 앉도록 하는 것이 좋다.

텍사스 인스투르먼트(Texas Instrnment, TI), P&G(Procter & Gamble), 존슨&존슨 등 다국적 기업의 한국 지사장으로 성공한 경영자들이 다음과 같은 충고를 던졌다.

"한국인들이 보편적으로 가지고 있는 문화적 폐쇄성을 버리고 다른 나라에 대해 적극적인 관심을 가져야 다국적 기업 중심의 국제적 경영 환경에서 생존할 수 있다. 이제 언제든 다른 나라에 파견되어 문화적 이질감을 극복하면서 사업을 해야 하는 상황에 직면하고 있기 때문이다. 이와 함께 자신의 잘못에 대한 지적을 과감히 수용하여 발전의 발판으로 삼는 열린 마음도 갖추어야 할 것이다. 또한, 다른 나라의 문화를 이해하고 글로벌 에티켓을 갖추도록 해야 한다.”

성공이란 능력과 의지력, 인격과 운수의 종합 작품이다. 그중에서도 ‘인격’ 은 그 무엇보다도 중요한 것이다.

제3부 | 일하는 방식과 미래를 위한 자기 계발

업무 성과를 높이는 방식 5

우리는 대부분의 시간을 직업 세계에서 보내며 일한다. 그러므로 일을 하기에 앞서 일에 대한 생각을 어떻게 가지는가 하는 것은 대단히 중요하다.

일을 즐겨라

사람의 생각과 마음은 계속 변한다. 뜨거운 열정에 불타다가도 곧 의욕 상실에 빠지기도 한다. 희망에 가슴을 설레다가 좌절하기도 한다. 누구를 좋아하고 사랑하다가 갑자기 싫어지거나 증오를 느끼기도 한다. 별 생각 없이 지내다가 '이래선 안 되지' 하면서 자신을 추스르기도 한다. '오늘 할 일을 내일로 미루지 말라’는 애기는 다 알면서도 이 핑계, 저 핑계로 ‘내일 하면 되지’ 한다. ‘나는 왜 이러지? 다른 사람들은 다 잘 나가는 것 같은데…’ 하면서 자기 학대를 하기도 한다.

사람은 살아가면서 누구나 보람과 환희를 느끼기도 하고, 때로는 회의에 빠지거나 극심한 스트레스를 겪게 된다. 문제는 누가 그 어두운 웅덩이에서 현명하게 빨리 빠져나오는가에 있다. 모든 것은 마음 먹기에 달려 있다. 바쁘게만 돌아가는 일상사에서 즐거움을 찾을 수 있는 사람이야말로 진정으로 행복한 사람일 것이다.

일은 즐겨야 한다. 이는 ‘일을 취미처럼 하라’는 말과도 같다. 일을 왜 하는가? 돈? 출세? 자아실현? 어느 쪽일까? 모두 다일까? 그럴 수도 있겠지만, 사실 이런 것들은 일을 한 후에 얻어지는 결실이다. 중요한 것은 일하는 과정을 통해 얻는 보람 그 자체에 있다고 보는 것이 옳다.

우리는 사회인이 되면 대부분의 시간을 일하면서 보낸다. 그리고, 세상에 쉬운 일은 없다. 그러나 고통을 느끼면서, 또는 자기 한탄을 하면서 일에 임한다면 그 사람의 인생 자체가 불행해질 수밖에 없다. 일은 보람을 느끼며 즐거운 마음으로 해야 한다. 그러기 위해서는 누가 시켜서가 아니라 자율적으로 하는 것이 좋다.

일을 즐기라는 이야기는 나무꾼과 등산객을 빗대어 생각해 보면 쉽게 이해할 수 있을 것이다. 일이라 생각하고 산에 오르는 나무꾼은 그것이 힘든 일이 되겠지만, 등산객에게 있어 산행은 즐겁고 행복한 과정이다. 생각을 바꾸면 일이 즐거워질 수 있다. 바닷가에서 모래성을 쌓는 아이들이 피곤하다거나 허무하다고 생각하겠는가? 단지 재미있는 일이라서 몰두할 뿐이다.

돈을 벌기 위해서, 또는 성공을 위해서 일한다는 생각에서 벗어나야 한다. 진지하되 재미있게 일하고, 그 안에서 보람을 느껴야 한다. 일과 취미가 합치되면 진정으로 행복할 수 있을 것이다. 바둑을 좋아하는 사람이 프로 기사가 되거나 바둑계의 전문가로 활동하게 되어 취미가 일이 되면 그는 취미를 잃어버릴 수도 있다. 하지만 자신이 좋아하는 일을 택하면 그만큼 행복하게 일할 수 있다는 점을 잊지 말아야 할 것이다. 직업은 돈벌이의 수단도 되지만, 자아실현의 과정이며 사회 기여의 보람을 찾는 장이 되어야 한다.

은퇴한 중역의 새로운 삶

윈체스터(Winchester) 사에서 중역까지 지낸 페인(Paine) 씨가 은퇴를 했다. 은퇴한 다음날 아침이 되자 똑같이 출근 준비를 하는 그를 보고 주변 사람들이 놀라서 정신 병원에 데리고 갔다. 페인 씨는 화를 내면서 비서를 찾고 난리였다.

병원에서 나온 후 그에게 공원 청소부 자리가 있는데 해보지 않겠느냐고 조심스럽게 제의했다. 그는 선뜻 승낙을 하고 청소 일을 시작했다.

반나절 후, 그 제의를 한 사람은 걱정이 되어 공원에 가 보았다. 페인 씨는 청소를 끝내고 땀에 젖어 있었는데, 그의 얼굴은 매우 평온해 보였다. 뿐만 아니라 공원에서 뛰노는 아이들이 다칠까 봐 조심시키고 있었다. 새로운 일에 적응을 잘한 나머지 페인 씨는 은퇴 후에 부인과 함께 세계 여행을 하기로 했던 계획마저 취소하고 청소 일을 열심히 했다.

일의 종류는 문제 될 것이 없다. 즐거운 마음으로 일하는 것이 무엇보다도 중요하다.

결실을 거두는 습성을 가져라

사람의 가치는 그 사람의 전문적 식견, 성품, 인격, 대인 관계 등으로 판단된다. 그래서 좋은 평가를 받는 사람은 "그 사람 참 진국이다. 사람이 됐다."는 얘기를 듣는다. 대단히 중요한 덕목임에 틀림없다.

하지만 프로페셔널 세계에서의 사람의 가치 평가는 기본적으로 '일의 성과' 에 좌우된다. 부단한 자기 계발과 인격 도야에도 많은 힘을 쏟아야 하지만, 프로는 결과로 말한다. 야구로 치면 그것이 개인의 성적이든 팀 전체의 성적이든 타율, 타점, 홈런, 도루 성공률, 방어율, 실책 등은 부차적인 문제이다. 궁극적인 목표는 결국 팀의 승리에 있는 것이다. 그저 열심히 하는 것만으로는 의미가 없다. 최고의 결실을 획득할 수 있도록 진력해야 한다.

1980년대 PC, 워드 프로세서, 팩시밀리 등 새로운 기기가 등장하면서 사무 자동화(OA) 바람이 불기 시작했다. 그럼에도 불구하고 많은 기업들이 큰 성과를 거두지 못했다. '저런 신종 사무 기기를 도입하면 생산성이 향상될 것' 이라는 막연한 기대 속에서 추진했기 때문이었다. 이와 같은 '현상 지향적 접근 방법' 으로는 큰 성과를 거둘 수가 없다. '목표 지향적 추진' 이 요구되는 것이다. 즉, '사무 부문의 생산성 저조는 그 원인이 어디에 있는가? 생산성을 현재의 수준에서 N% 향상시키려면 일하는 방법이나 프로세스를 어떻게 혁신해야 하며, 혁신을 가속화하기 위해 자동화 기기에는 무엇을 기대하면 좋은가?' 를 명확히 한 후에 OA를 추진해야 한다. 공장 자동화, 업무 전산화도 마찬가지이다.

이와 같이 결실을 거두기 위해서는 일의 목표를 명확히

한 다음, 목표 달성을 위해 요구되는 세부 과제를 도출하고, 과제의 우선순위를 합리적으로 설정하여 끈질기게 실천해야 한다. 목표는 구체화하여야 한다. 생산성 향상, 원가 절감, 재고 감축 등 막연한 미사여구의 열거는 아무런 의미가 없다. 1인당 제품 생산량 30% 향상, 매출액에서 영업 외 비용(지원 부서 인건비, 경비 등)이 차지하는 비율의 20% 절감, 창고 재고 회전율 50% 향상 등과 같이 '측정 가능한 형태'로 계수화해야 한다.

측정할 수 없는 것에서 개선을 기대하기는 어려운 일이다. 이론과 현장 업무의 조화도 요구된다. 높은 혁신을 달성하기 위해서는 공정 개선, 통계적 품질 관리, 업무 프로세스 혁신, 지식경영 기법 등 연관된 선진 이론의 접목이 필수적이다.

그러나 이론이 이론에 그쳐서는 안 된다. 현장을 깊이 이해하고 이론을 현실에 맞게 적용할 수 있어야 한다. 그리고 아직 목표에 도달하지 못했을 경우, 부서별로 미진한 과제를 정기적으로 도출하여 개선에 박차를 가하고, 집요하게 따라붙어야 한다. 성과가 잘 나지 않는다고 해서 추진해 오던 일을 방치하고 다른 형태의 새로운 시도를 하는 것은 어리석은 짓이다.

설득력도 중요하다. 기업은 여러 사람, 여러 부서가 협력

 디지털 인재의 조건

해서 목표를 달성하는 공동체이다. 혁신적인 새로운 일을 할 때에는 리더들이 있게 마련이다. 하지만 혁신에는 저항이 따른다. 혁신에 대한 이해가 부족해서일 수도 있고, 타성에서 벗어나지 못해서일 수도 있다. 이런 사람들을 설득하고 독려하며 한 방향으로 인도하는 것도 리더들의 몫인 것이다.

KFC의 탄생

미국의 어느 시골 마을에서 어떤 노부부가 자동차 여행객들을 상대로 음식점을 운영하고 있었다. 그런데 음식점 옆에 고속도로가 들어서자 사람들은 고속도로를 지나가기만 할 뿐 음식점에 들르지를 않았다. 할 수 없이 트럭에 통닭을 싣고 마을을 돌아다니며 팔게 되었는데, 그러다 보니 준비한 음식이 식어 버리는 문제가 발생했다. 노부부는 궁리 끝에 이 문제를 해결하고 손님들에게 어필하는 상품을 만들었다. 이것이 오늘날의 'Kentucky Fried Chicken(KFC)'이다. KFC 설립 당시 샌더스(Colonel Harland Sanders) 씨는 67세의 나이였다. KFC 매장 입구에 서 있는 할아버지가 바로 음식점의 비즈니스 스타일을 바꾸어 놓은 샌더스 씨이다.

일에는 나이도 문제가 되지 않는다.

'사장 의식'을 가져라

'주인 의식'을 가져야 한다는 말이 있다. 그래야 피동성을 탈피하여 자율적, 능동적으로 일의 주체가 될 수 있다는 이야기이다. 그런데 필자는 '주인 의식'이라는 표현보다 '사장 의식'이라는 말을 더 즐겨 쓴다. 자신이 맡은 업무에서만큼은 최고의 전문가로서 긍지를 가지고 업무에 임해야 한다는 의미이다. '이 업무에 있어서 나보다 더 깊이 있는 전문가는 없다. 만약 내가 판단을 그르쳐 올바른 방향으로 일을 하지 못한다면 이 회사가 어디로 갈 것인가?'라고 생각하자는 것이다.

다소 막연하게 느껴질 수도 있는 '주인 의식'이라는 것이 더 구체화되어 현실감 있게 다가오고 자연스럽게 더 큰 책임감을 가지게 된다. 이는 이론적 무장과 현장감 배양, 어느 것이든 열심히 하지 않으면 안 된다는 자기 독려로 이어진다. 동료나 다른 부서와의 협력도 전사적인 관점에서 생각하게 된다. 행동도 이에 맞추어 변한다. 이는 곧 결실을 낳는 업무 습성으로 이어진다.

이러한 생각은 '사장 수업'을 하는 계기를 만들어 준다. 폭넓은 공부, 인격 도야, 원만한 대인 관계 등을 위해 많은 노력을 하게 되고, 절제와 결단력 등의 리더십을 키워 결국 기업의 사명과 경영의 본질을 생각하는 사람으로 성장하게 되는 것이다.

'사장 의식'을 가져라. 인생이 달라진다.

설득력을 길러라

이 세상에 독불장군은 없다. 누구든 더불어 살고, 서로 협력하여 일한다. 협력을 얻기 위해서는 상대방에 대한 설득력이 있어야 한다.

설득력은 우선 '듣는 것'에서 시작한다. 일방적으로 자기 애기만 하는 사람의 애기를 귀담아 들을 사람은 없다. 상대방의 입장에 서서 그 사람이 처해 있는 상황과 생각 등을 진지하게 듣고 이해한 다음 자신의 견해를 피력해야 한다. 그래야 상대를 협력자로 끌어들일 수 있다. 다른 사람의 애기를 경청하는 자세를 갖자. 상대방 내면의 메시지를 진지하게 듣고 수용하며, 상대의 애기에 적절한 대답으로 호응하면서 칭찬과 격려를 아끼지 않을 때 경청은 이루어진다.

둘째, 표현력을 길러야 한다. 상대방이 쉽게 이해할 수 있는 표현으로 요점을 간명하게 전달할 수 있어야 한다. 장황한 설명은 좋은 방법이 못 된다. 결론이나 요점을 먼저 전달하고, 필요하다고 생각되는 부분에 대해 상세 설명을 덧붙

이는 것이 바람직하다. 이를 위해서는 글이든 말이든 많은 준비가 필요한데, 평소에 글쓰기와 더불어 말하기 훈련을 해야 한다. 그리고 해당 사안에 대해 '나무'와 '숲'을 함께 바라보는 시각을 갖추고, 어떤 말을 어떤 순서로 얘기할 것인지에 대해 철저한 사전 준비를 해야 한다. 상대방에 대한

읽고, 쓰고, 말하라

남궁석 의원이 쓴 『아이 라이프』라는 책을 보면 '읽고, 쓰고, 말하라'라는 부분이 있다. 그 내용의 요지는 '무슨 책을 읽건 간에 모두 요약해 놓아라. 그리고 거기에서 그치지 말고 기회가 있을 때마다 만나는 사람에게 이야기하라. 그래야 살아 있는 지식이 된다.'는 것이다.

삼성SDS 사장으로 계실 때 그분은 원고 없이 연설하시면서도 체계적으로 와 닿게 말씀하시는 것은 물론 연세 드신 분이 연도나 숫자까지도 정확하게 짚으시곤 하였다. 그 비결을 여쭈어 보았더니 다음과 같은 경험담을 들려주셨다.

"인구 300만에 불과한 이스라엘이 어떻게 해서 저렇듯 저력 있는 나라가 될 수 있었는지 하도 궁금해서 책방을 모조리 뒤져 이스라엘에 관한 책 10권을 샀습니다. 각 책들의 목차를 읽어 보고 잘된 순서로 배열한 다음 첫번째 책을 정독하고 요약했지요. 그리고 두 번째 책부터는 중복되는 부분을 빼고 나머지만 읽었습니다. 이런 식으로 하다 보니 마지막 책은 1시간 만에 읽을 수가 있더군요. 이렇게 해서 정리해 놓은 것을 나는 '모듈'이라고 부르는데, 기회가 있을 때마다 적절하게 조합해서 이야기를 합니다. 그러다 보니 그 내용이 완전히 산 지식이 되었던 겁니다."

최대한의 예의를 갖추는 것도 잊지 말아야 한다.

셋째, 평소에 신뢰를 쌓아 두어야 한다. 말만 앞서는 사람이라거나 신뢰하기 어렵다는 인상을 주어서는 아무리 진지한 대화를 하더라도 호소력을 발휘하기 어렵다. 모르면 모른다고 솔직하게 말하는 진솔한 태도가 오히려 신뢰 형성의 바탕이 된다.

Do right things right

'Do things right'은 주어진 일, 해야 할 일을 체계적으로 수행한다는 의미이다. Things는 조직 안에서 주어진 임무일 수도 있고, 고객의 요구나 상사의 지시일 수도 있다. Right은 성심껏, 열심히 주어진 책무를 완수한다는 뜻이 될 것이다. 그런데 비판적인 시각에서 보면 'Do things right'은 대부분 발등에 떨어진 불을 열심히 끈다는 선에서 크게 벗어나지 못한다.

Right의 진정한 의미는 일의 본질을 깊이 이해하고 효율적으로 일하는 것을 뜻한다. 'Right things'는 '마땅히 해야 할 일'이다. 여기에는 미래 지향성이 담겨 있다. 스티븐 코비(Steven Covey) 박사는 『성공하는 사람들의 7가지 습관』이라는 책을 통해 사람들은 '급하지는 않지만 중요한 일'을 간과하는 경향이 있다는 지적을 한 바 있다. 'Right things' 가 바로 이것이다. 미래에 대한 통찰을 밑바탕에 깔고 새로운 일, 남과는 다른 일, 보다 전략적인 일을 생각하자는 것이다. 여기에는 꿈, 창의, 정보, 지식이 요구된다.

또한 'Do things right'에서의 'right'도 능동적으로 해석하면 'Systematically with Professionalism'이라고 할 수 있다. 이를 위해서는 깊이 있는 전문성, 체계적이고 논리적인 접근, 완급 분별에 대한 지혜 등이 요구된다.

부단히 변신하라

예전의 성공에 안주해서는 살아남을 수 없다. 발 빠른 변화만이 미래를 약속한다(Past success is your worst enemy, rapid change is your best friend).

비효율성보다 더 무섭고 두려운 것이 시대의 흐름에 뒤쳐지는 것이다. 기술의 급진전과 상품 라이프 사이클의 단축 등 변화의 속도가 빨라지고 있다. 디지털 컨버전스의 가속화, 소재(素材) 산업의 발전, 생명공학의 발달로 신기술이 속속 등장하고 있고, 새로운 상품과 서비스는 인터넷을 통해 순식간에 전 세계 수백, 수천만 고객에게 퍼져 나가고 있기 때문이다. 이로 인해 기업의 사업 구조나 사업 방식도 계속

 디지털 인재의 조건

바뀌고 있고, 난공불락으로 여겨지던 경쟁 우위가 하루아침
에 무너질 수도 있는 상황이 전개되고 있다.

이처럼 세상이 급변하다 보니 마이크로소프트 같은 회사
는 스스로를 '도산(倒産) 2년 전'이라고 가정하고 있다. 소
위 잘 나간다고 알려진 회사들도 환경 변화에 어떻게 대응
할 것인가를 놓고 이렇듯 고심하고 있는 것이다.

자기 변신을 위해 지속적인 노력을 기울여야 한다. 변화
는 변화의 필요성을 절감하는 데서부터 시작된다. 세상이
어떻게 돌아가는지를 계속해서 관찰해야 한다. 왜 변화가
필요한지, 어떤 변화가 요구되는지를 느껴야 한다.

그러기 위해서는 우선 자신을 잘 알아야 한다. 장점과 단
점, 대인 관계, 습관, 전문성, 지식의 다양성, 건강, 체력 등
여러 측면에서 자신을 돌아보아야 한다. 이중에서 특히 더
중요한 것은 건강과 체력이다. 지금은 멀티잡(Milti-job)의 시
대이면서 동시에 지식인이 체력으로 버티는 세상이다. 무엇
보다도 변화의 방향을 정해 차근차근 전진하고 꾸준히 노력
하는 것이 중요하다. 큰 욕심은 오래 지속되기 어려워 오히
려 성공에 방해가 될 수 있다.

스승을 두어라

사람은 끊임없이 배우며 성장한다. 독학도 나쁠 것은 없지만, 훌륭한 스승이 있다면 더욱더 많은 것을 배울 수 있다. 배우고 본받을 수 있는 모델이 있다는 것은 사람의 성장에 매우 중요한 토대가 된다. 교육적 용어로는 이를 '멘토(Mentor)' 라고 한다.

'멘토' 의 어원은 옛날 희랍 신화에서 유래한다. 오디세이(Odyssey)가 트로이로 전쟁을 나가면서 자신의 가장 친한 친구에게 아들의 교육을 맡기고 갔다. 그 친구는 오디세이의 아들을 선생이자 친구, 부모의 입장에서 키웠다. 세월이 흘러 10년이 지나서야 돌아온 오디세이는 자신의 아들이 훌륭하게 자란 것을 보게 되었다. 아들을 맡아 키워 준 그 친구의 이름이 바로 '멘토' 였다. 이후 '멘토' 라는 이름은 '훌륭한 선생' 의 의미로 쓰이게 되었다.

스승은 부모나 은사가 될 수도 있고, 직장 상사나 동료, 또는 친구가 될 수도 있다. 사람은 누구나 일을 하고, 인생을 살아가는 동안 슬럼프에 빠질 수 있다. 중요한 것은 '누가 더 빨리 슬럼프에서 벗어날 수 있는가' 이다. 마음 고생을 오래 한다고 해서 더 나은 해결책이 얻어지는 것도 아니다. 스승을 둔 사람은 그의 충고와 격려를 통해 어려움을 빨리 극복하고 제자리로 돌아올 수 있다.

디지털 인재의 조건

칭찬의 힘

  건강하고 행복한 삶을 살려면 우리 몸의 70%를 차지하고 있는 '물'을 깨끗하게 해야 한다. 물에게 어떤 글을 보여 주거나 말을 들려주면, 혹은 어떤 음악을 들려주면 물은 그 말이나 음악에 담긴 인간의 정서에 상응하는 형태를 취한다고 한다.

  에모토 마사루(江本勝) 박사의 실험에 따르면 '사랑과 감사'라는 글을 보여 주면 아름다운 육각형 결정을 나타내고, '악마'라는 글을 보여 주면 중앙의 시커먼 부분이 주변을 공격하는 듯한 현상을 보였다고 한다.

  1997년 7월, 일본에서 가장 큰 '비와(琵琶) 호수' 주변에 350명이 모여 세계 평화를 외쳤더니 한 달 뒤 호수의 수면을 덮고 악취를 풍기던 녹조가 사라졌다고 한다.

  사람이 대인 관계에 있어서 상대방에게 어떤 마음을 갖는가, 어떤 말을 하는가에 따라 몸에 있는 70%의 물도 반응하면서 인간의 감정을 좌우하게 된다는 얘기이다.

  사람들을 대할 때 우리가 어떻게 해야 하는가는 이것으로도 분명해졌다. 사람은 대접받고 싶어한다. 이를 위해서는 남에게도 그렇게 해주어야 한다. '역지사지'이다.

  '칭찬의 힘'도 이런 것에서 나온다. 아무리 작은 일이라도 인정해 주고 의욕을 북돋아 주어야 한다. 칭찬을 받은 사람은 자신감을 갖게 되고, 더욱더 의욕을 불태우게 된다. 듣는 사람이 수용하지 못하는 질책은 의욕에 찬물을 끼얹는 것과 다를 바 없다.

스트레스를 날려 버려라

스트레스를 쌓아 두는 것은 현명한 일이 못 된다. 주변에서 매우 건강하던 사람이 어느 날 갑자기 쓰러지는 경우를 보게 된다. 마음의 병이 신체의 특정 부위에 악영향을 미친 것이다.

회사 일이든 가정사든 세상에 쉬운 일은 없다. 살아가다 보면 이런 저런 어려운 일을 만나게 마련이다. 이런 경우 많은 사람들은 실의에 빠져 좌절하거나 분노를 느끼는 등 여러 형태의 스트레스를 받는다. 그러나 이는 생각하고 소화하기 나름이다. 쌓아 놓으면 병이 된다. 따라서 슬기롭게 극복하는 요령을 터득해야 한다. 힘들 때는 나무를 생각해 보자. 나무는 겨울 내내 앙상한 모습으로 봄을 기다리면서도 절대 서두르는 법이 없다.

어느 정도의 스트레스는 오히려 삶의 활력소가 된다는 말도 있지만, 이것이 지나쳐 건강을 해치거나 프로페셔널로서의 자기 정진에 장애물이 되어서는 곤란하다.

스트레스를 이기는 방법으로 아래와 같은 것들을 권하고 싶다.

첫째, 작은 일에도 항상 감사하고 행복해하는 편안한 마음을 가진다.

스트레스의 유형과 강도

한국(홍강의, 정도언, 1982)			미국(HOLMES AND RAME, 1967)		
순위	스트레스의 원인	점수	순위	스트레스의 원인	점수
1	자식 사망	74	1	배우자 사망	100
2	배우자 사망	73	2	이혼	73
3	부모 사망	66	3	부부 별거	65
4	이혼	63	4	징역	63
5	형제자매 사망	60	5	가까운 가족 사망	63
6	혼외 정사	59	6	병, 부상	53
7	별거 후 재결합	54	7	결혼	50
8	부모의 이혼 및 재혼	53	8	해고	47
9	별거	51	9	부부 재결합	45
10	해고, 파면	50	10	은퇴	45
11	정든 친구의 사망	50	11	가족의 병	44
12	결혼	50	12	임신	40
13	징역	49	13	성 문제	39
14	결혼 약속	44	14	새 가족 등장	39
15	중병 및 그 증세	44	15	사업 재정비	39
16	사업의 일대 재정비	43	16	경제 상태 변화	38
17	직업 전환	43	17	정든 친구의 사망	37
18	정년 퇴직	41	18	직업 전환	36
19	해외 취업	39	19	배우자와의 언쟁 빈도 변화	35
20	유산	38	20	1만 달러 이상의 부채	31
21	임신	37	21	저당물 상실	30
22	입학 시험 및 취직 실패	37	22	직위 변화	29
23	자식의 분가	36	23	자식의 분가	27
24	새 가족 등장	36	24	시댁 및 처가와의 알력	27
25	가족 1명의 와병	35	25	개인적 성취	27
26	성취	35	26	아내의 직장 생활 시작 및 중단	26
27	주택, 사업, 부동산 매입	35	27	학업 시작 및 종료	26
28	정치적 신념 변화	35	28	생활 조건 변화	25
29	시댁, 처가, 친척과의 알력	34	29	개인 습성의 개조	24
30	학업의 시작 및 중단	34	30	상사와의 알력	23

둘째, 규칙적인 생활로 건강을 유지하면서 적절한 운동이나 취미 생활을 통해 스트레스의 원인이 되었던 일을 잊도록 한다.

셋째, 꽃이나 애완동물 등을 통해 생명의 경이로움을 느끼는 것도 좋다.

넷째, 원만한 대인 관계를 위해 적극적으로 노력한다.

다섯째, 힘들다고 느껴질 때는 생활에 변화를 준다. 시장에도 가 보라. 열심히 사는 모습이 얼마나 아름답게 느껴지는지 깨닫게 될 것이다. '두레마을'이나 '꽃동네' 같은 곳에도 가 보라. 행복이 어디에서 오는지 배우게 될 것이다.

멋진 리더가 되라

조직에서 일정 기간 일을 하다 보면 후배도 생기고, 보직을 갖는 간부가 되기도 한다. 그런데 이제는 '관리자의 시대'가 지나고 '리더의 시대'라고 한다. 관리자는 상사의 방침이나 명을 받아 부하들에게 일을 시키고 챙기는 역할을 한다. 변화가 어느 정도 예측 가능했던 고성장기에는 이러한 관리자의 역할이 대단히 중요했다. 일사불란한 업무 체계로 조직력을 강화하면서 목표 달성을 향해 돌진하는 시대였기 때문이다.

그러나 이제는 한 치 앞을 내다보기 힘든 격변의 시대이자 치열한 경쟁의 저성장기이다. 구성원들의 의식도 엄청나게 바뀌었다. 회사의 방침에, 상사의 명에 순종하던 군대식 조직 모델이 이제는 자율과 창의를 존중하고 자아실현을 중시하는 팀 구조로 변화된 것이다.

이러한 환경에서는 리더십도 변해야 한다. 리더십은 자신이 맡고 있는 조직이 비전을 갖도록 하고, 구성원들의 능력을 모아 비전을 실현하게 하는 기술이라 할 수 있다.

흔히 리더십의 유형을 독재형, 민주형, 절충형 등으로 나누기도 하는데, 이 시대가 요구하는 것은 바로 환경 변화와 상황에 적합한 리더십이다. 따라서 오늘날의 리더는 다음과 같은 것들을 종합적으로 고려해야 한다.

- 조직을 한 방향으로 이끄는 비전과 미션을 어떻게 정의하고 이해시킬 것인가?
- 변화와 개혁을 추구하면서도 구성원들이 불안감을 느끼지 않도록 하는 방안은 무엇인가?
- 조직 구성원들이 창의와 열정을 불사르게 하는 동기 부여 방안은 무엇인가?
- 통제와 자율의 균형을 어떻게 꾀할 것인가?
- 구성원 간의 벽을 허물고, 어떤 방법으로 팀워크를 이

룰 것인가?

- 동료들 간의 상호 존중이 문화로 정착되도록 하기 위해서는 어떻게 하는 것이 좋을 것인가?
- 부단히 공부하고 정보를 공유하여 시너지를 내는 학습 조직을 어떻게 만들어 갈 것인가?
- 직장 생활과 개인 생활의 균형을 어떻게 이루어 갈 것인가?

이상과 같은 과제를 종합적으로 고려하는 한편, 리더는 구성원들에게 비전을 불어넣고 스스로가 그들의 모델이 되어 선두에 나서야 한다.

리더십은 상대방을 이해해 주는 능력이기도 하다. 상대방 내면의 메시지를 받아들이고 칭찬과 격려, 호응과 조언으로 이어지는 진솔한 커뮤니케이션이 가능할 때 리더십(Leadership)과 팔로우십(Followship)은 멋진 조화를 이룰 수 있을 것이다.

비전

아파치(Apache) 족의 추장이 나이가 들어 후임자를 고르게 되었다. 많은 젊은이들이 나섰다. 인디언 추장이 되려면 체력, 지혜, 인품을 골고루 갖추고 있어야 하기 때문에 말 타기, 활 쏘기,

씨름, 길 찾기 등 다양한 시험 과정을 거쳐야 했고, 결국은 세 사람의 후보로 압축되었다. 추장은 이들에게 "저기 보이는 높은 산 정상에 가장 먼저 갔다 오는 사람에게 추장 자리를 물려주겠다."고 했다. 세 젊은이는 나무 가시에 찢기고 바위에 부딪히고 비탈길을 뒹굴면서 혼신의 힘을 다해 달렸다.

드디어 첫번째 용사가 도착했다. 그는 추장에게 꽃을 내밀었다. 그것은 산꼭대기에서만 피는 붉은 꽃이었다. 이어 두 번째 청년이 돌아왔다. 그는 파란 돌을 내밀었다. 산 정상에만 있는 대단히 특이한 돌이었다. 마지막으로 세 번째 젊은이가 나타났다. 그러나 그 젊은이는 손에 아무것도 들고 있지 않았다. 추장은 크게 노하여 그 청년을 심하게 질책했다. 청년은 이렇게 대답했다.

"저는 분명 저 산꼭대기까지 다녀왔습니다. 산 정상에 오르니 저 너머에는 광활한 평야와 넓은 강, 수많은 버펄로(Buffalo) 떼가 있었습니다. 누가 추장이 되어도 상관없습니다만, 우리 아파치 족은 이제 저 산을 넘어야 합니다!"

결국 빈손으로 가장 늦게 나타난 이 청년이 추장으로 뽑혔다. 그는 아파치 족에게 꽃도 아닌, 돌도 아닌, '미래의 비전'을 가져다 준 것이다.

'소프트뱅크'의 손정의 사장은 1981년 소프트뱅크를 처음 시작하는 날, 아르바이트 직원 2명을 앞에 놓고 사과 궤짝 위에 올라가 조회를 했다. 24살의 그는 이 자리에서 "우리 회사는 5년 이내에 100억 엔, 10년 후에는 500억 엔, 그리고 앞으로 1조 엔의 매출을 내는 기업이 될 것입니다."라고 회사의 비전을 이야기했다. 오늘날 소프트뱅크가 4조 8000억 원의 매출액에 7000명의 사원을 거느린 거대 기업으로 성장한 것은 창업 초기부터 원대한 비전을 가지고 꾸준히 노력한 결실이라 하겠다.

6 시대에 부응하는 자기 계발

프로페셔널의 시대

프로페셔널과 아마추어

직종(職種)에는 화이트칼라와 블루칼라, 월급제와 시급제, 정규직과 임시직 등의 구분이 있다. 하지만 이제 그런 구분은 의미가 없다. 프로페셔널과 아마추어의 구분만이 있을 뿐이다.

'아마추어(Amateur)'는 그 어원인 'ama-'가 말해 주듯이 '어떤 일을 좋아서 하는 사람'이라는 뜻이고, '프로페셔널(Professional)'은 '물질적 대가를 위하여 그 일을 하는 사람'이라는 뜻이다.

디지털 인재의 조건

'Amateur' 라는 단어는 라틴어의 'amator' 에서 유래되었다고 하는데, 이 amator의 뜻은 'lover', 즉 '사랑하는 사람' 이다. 흔히 Professional의 상대어로 Amateur라 할 때에는 '돈을 받지 않고 일하는 사람' 또는 '비전문인, 비전공자' 의 두 가지 의미를 갖는다. 결국 전문가는 아니지만 그냥 그 일이 좋아서 하는 사람으로, 잘하고 잘 못하는 것은 문제가 되지 않는다.

한편, 'Professional' 이라는 용어는 주로 19세기 후반부터 빈번하게 사용되기 시작했는데, 그 어원은 고대 프랑스어인 'Profess' 에서 비롯된다고 한다. 이 말은 '고백하다', '공표하다' 등의 의미로 사용되었으며, 16세기 중엽에 처음으로 '전문 직업' 이라는 의미로 옥스퍼드사전(The Oxford English Dictionary)에 기록되었다.

피터 드러커 교수는 저서 『프로페셔널의 조건』에서 다음과 같이 우회적으로 '프로페셔널' 에 대해 정의했다.

"미국의 경우, 1950~1960년대에는 어떤 사람을 만나 직업이 무엇이냐고 물으면 'GE에 다닙니다' 혹은 '시티은행에서 일하지요' 하는 식으로 일하고 있는 고용 기관의 이름을 대며 그것을 직업이라고 소개했었다. 하지만 오늘날에는 '금속 기술자입니다' 또는 '소프트웨어 디자이너입니다' 라는 대답을 듣게 된다. 대부분의 미국 지식 근로자들은 더 이상 자신을 고용 기관과 동일시하지 않고 있다. 그들은 자신의 전문 지식 분야와 자신을 동일시하고 있는 것이다."

프로페셔널의 특성

이와 같이 프로페셔널은 특정 분야에서 숙련된 직업적 전문가로서, 다음과 같은 특성을 가지고 있다.

1) 특정 전문 분야에 자신의 인생을 건다.
2) 자신의 일에 무한한 긍지와 보람을 느낀다.
3) 언제나 꿈을 버리지 않는다.
4) 환경에 굴하지 않고 자신의 길을 간다.
5) 원대한 목표를 향해 매진하며, 불가능도 가능하게 만든다.
6) 가슴으로 일한다. 거기에는 혼(魂)이 있다.
7) 스스로 부끄러움이 없도록 부단히 노력한다.
8) 성과에 기꺼이 책임을 진다.
9) 보수는 성과에 의해 좌우된다.
10) 자신에게 혹독한 '극기인(克己人)'이다.

디지털 인재의 조건

왜 프로페셔널의 시대인가?

전문화

직업 세계가 다원화, 세분화되는 추세가 거듭되고 있다. 금융 전문가만 해도 리서처(Researcher), 애널리스트(Analyst), 펀드 매니저(Fund Manger), 투자 상담사, 선물거래 중개사, 딜러(Dealer) 등으로 세분화, 다양화되고 있다.

IT 전문가도 시스템 엔지니어(Systems Engineer), 어플리케이션 프로그래머(Application Programmer), 네트워크 엔지니어(Network Engineer), 프로젝트 매니저(Project Manger), DB(Database) 전문가, 웹마스터(Webmaster), 정보 검색가, 게임 디자이너(Game Designer), 전자상거래 컨설턴트 등으로 전문화가 가속화되고 있다.

이것은 경제와 기술의 발전, 자동화의 진전, 산업 내/산업 간 경쟁 격화 등 복합적인 요인에 의해 모든 업종이 고도화되면서 솔루션에 대한 니즈도 세분화됨에 따라 분야별로 깊이 있는 전문가를 요구하는 시대가 되었기 때문이다.

자율화

산업화 시대에는 조직 내에서 업무 분장에 의해 주어진 일이나 상사가 시키는 일을 수동적인 입장에서 수행하는 경우가 대부분이었다. 그러나 정보화 사회에 접어들면서 환경 변화의 진폭은 더욱 크고 빨라지고 있고, 변화에 재빨리 적응하지 못하면 개인이건 조직이건 살아남을 수 없는 시대가 되었다.

이제 회사의 방침이나 상사의 지시를 기다리며 머뭇거릴 시간이 없다. 분야별 세분화 정도나 전문화 수준이 낮았던 예전에는 대부분의 상사들이 부하의 일을 다 꿰뚫어볼 수 있었으나 이제는 상사들이 부하 개개인의 깊이 있는 전문성을 모두 다 보유하고 있을 수도 없고, 따라서 상세한 지시를 할 수도 없다. 조직 구성원 각자가 최고의 전문가로서 자율적으로 판단하고 행동하지 않으면 안 된다. 개인기가 더더욱 중요해지고, 각자가 스스로 높은 성과를 내야 하는 시대가 되었다. 이제는 모두가 프로페셔널이 되어야 하는 것이다.

지식화

완력으로 일하던 시대는 지났다. 똑같은 일도 누가 더 효율적으로 스마트하게 수행하는가가 중요하다. 정보경영, 지식경영 등의 키워드가 이를 웅변하고 있다. 농부들의 세계에서도 인터넷을 통해 작물 재배, 작황, 시장 정보를 얻어 과학적인 영농을 하고, 생산량과 출하 시기를 조절하며, 전

디지털 인재의 조건

자상거래를 통해 제값을 받는 신지식인들이 탄생되고 있는 세상이다.

인사 제도의 변화

1990년대 중반부터 '인사 파괴'라는 용어가 등장하기 시작하면서 인사 체제에 태풍이 몰아치고 있다. 연공서열이 파괴되고, 동기생 간에도 입사 시점부터 연봉이 차별화된다. 조직과 개인의 업적에 따라 연봉에 버금가는 성과급이 지급되며, 스톡옵션 바람까지도 불고 있다. 이제 '능력'과 '성과'라는 두 가지 측면에서 해당 분야 최고의 전문가로서 개인의 가치를 증대시키는 노력은 무엇보다도 중요한 과제가 되었다.

이와 같은 변화를 음미하면서 프로페셔널로서의 자기 계발을 어떻게 할 것인가를 생각해 볼 때이다.

가치관 확립

인생에서 무엇을 가장 소중하게 생각하는가를 되새겨 보아야 한다. 토마스 칼라일(Thomas Carlyle; 영국의 역사가, '셰익스피어는 인도(印度)와도 바꿀 수 없다'는 말로 유명)은 인생을 항해하는 선박에 비유하여 "가치관이 없는 사람은 나침반

없이 항해를 하는 것과 같다. 그런데 안타깝게도 인류의 95%가 가치관 없이 살아가고 있다.”고 했다. 결국 5%의 사람들만이 분명한 목적지를 가지고서 목적지를 찾아가기 위한 항해 루트와 최적의 경로를 찾아내는 항해술, 한 배에 동승한 사람들과의 협력 관계를 생각하며 인생을 살아간다는 얘기가 된다.

사회에서 성공한 사람이라고 인식되는 사람들 중에도 스스로 행복하다고 느끼는 사람은 그렇게 많지 않다고 한다. 일에 있어서는 성공했는지 몰라도 건강, 행복한 가정, 성취의 보람, 원만한 친우 관계의 관점에서 삶의 의미를 찾지 못하고 회의를 느끼는 사람들이 많다는 것이다.

인간의 가장 높은 수준의 욕구를 ‘자아실현’ 이라고 본다면 그것은 스스로 생각하는 자신의 사명, 역할, 가치관과 직결되어 있다. 이러한 ‘내면의 근본 가치’ 가 실현되지 못하

 디지털 인재의 조건

면 사람들은 보람을 느끼지 못하고 생의 치차(齒車)에 물려 피곤한 삶을 살아가기 쉽다. 적성에 맞지 않는 일을 해도 그런 것을, 더욱이 가치관에 부합되지 않는 인생을 살고 있다면 어떻게 긍지와 보람과 행복을 느끼겠는가?

가치관은 '인생에서 가장 소중한 것은 무엇인가?' , '과연 어떻게 살아갈 것인가?' 에 관한 이야기이다. 이것은 삶의 비전으로서, 이것이 불명확한 경우 자신이 왜 사는지, 어디로 가고 있는 것인지를 모르는 '안개 속의 삶' 이 되어 버릴 것이다.

우리는 모두 행복한 삶을 원한다. 그렇다면 어떻게 사는 것이 행복한 것일까? 우리는 다음과 같은 질문을 스스로에게 던져 볼 필요가 있다.

"나는 누구인가?"
"나의 소명(召命)은 무엇인가?"
"나는 여기서 무엇을 하고 있는가?"
"나는 내가 하고 있는 일에 스스로 만족하고 있는가?"

당신의 행복의 잣대는 무엇인가? 사람마다 다를 것이다. 이것은 성실, 겸허, 최선, 성취, 보람, 믿음, 소망, 사랑, 우정, 상생(相生) 등 각자의 가치관과 직결되어 있다. 무엇을 소중하게 생각하며 사는가는 그 사람의 인격과 인생의 향방을 좌우하는 나침반이 된다. 기술은 인간의 기능을 증대시킬 수는 있지만, 인간성을 드높이지는 못한다.

장점 연마

프로페셔널이 되려면 자신이 잘할 수 있는 것이 무엇인지를 발견해 내야 한다. 한 사람이 모든 일을 다 잘할 수는 없다. 누구에게나 장단점은 있게 마련인 것이다. 간혹 '팔방미인'이라는 말을 듣는 사람도 있지만, 사실 어느 누구도 모든 면에서 완벽한 사람은 없다. 저 뛰어난 타이거 우즈(Tiger Woods)에게도 약점은 있다. 엄청난 장타력과 정교한 퍼팅 능력은 대단하지만 벙커 탈출 능력은 PGA(Professinal Golfer's Association of America; 미국프로골프인협회) 투어에서 하위권에 머물러 있다고 한다.

장점은 키우고 단점은 보완해야 한다. 그러나 이것 역시 경제성의 원칙에 입각해야 한다. 단점을 보완하는 데 너무 많은 노력을 기울이는 것은 효율적이지 못하다. 치명적인 단점을 고치려는 노력은 물론 필요하지만, 이보다는 강점을 집중적으로 키우는 편이 훨씬 효율적이다. 단점은 때에 따라서 인간적인 매력이 될 수도 있다.

기업 세계에서도 '선택과 집중'의 전략이 효과적이듯 자기 계발 역시 자신의 강점을 발견하고 이에 집중하여 차별화하는 것이 보다 중요하다. 피터 드러커 교수는 자신의 강점을 알려면 다음 3가지 측면을 살펴보아야 한다고 했다.

나는 어떻게 성과를 올리는가?

– 큰 조직의 구성원으로 일할 때 일을 잘하는가, 혹은 작은 조직에서 최고의 전문가 대접을 받을 때 더 일을 뛰어나게 하는가?

– 의사 결정자로서 좋은 성과를 올리는가, 혹은 조언자로서의 역할을 더 잘하는가?

– 다른 사람들과 어울려 일을 잘하는 스타일인가, 혹은 혼자 일하는 것을 선호하는 스타일인가?

나의 가치관은 무엇인가?

– 조직은 가치를 갖지 않으면 안 된다. 이는 사람도 마찬가지이다. 그런데 조직이 효과적으로 운영되려면 조직과 그 구성원의 가치관이 부합되어야 한다. 일치하지는 않더라도 충분히 비슷하지 않으면 안 된다.

– 조직의 목적이 나의 가치관과 일치하지 않을 수도 있다. 또한 내가 잘하는 일과 나의 가치관이 일치하지 않을 수도 있다. 가치관에 부합하는 분야를 찾는 것이 프로페셔

널의 길이다. 그래야 성취의 보람을 느낄 수 있다.

나는 어디에 속해야 하는가?

- 큰 조직에서 성과를 올리지 못하는 사람이라면 어떤 큰 조직으로부터 참여 제의를 받을 경우 거절하는 것이 좋다.
- 의사 결정자로서의 강점이 없는 사람이라면 어떤 보직을 제의받을 경우 다른 길을 택하는 것이 바람직하다.

요컨대 자신에게 맞는 일을 찾지 못하면 프로페셔널이 되기 어렵다. 드러커 교수의 충고를 되새기며 활동 분야, 소속

호모심비우스(Homo symbious)

서울대학교 최재천 교수는 21세기 새로운 인간의 이미지로 '호모심비우스'를 제안한 바 있다. 이는 공생인(共生人), 즉 더불어 사는 인간을 뜻한다.

자연 세계에서도, 인간의 삶에 있어서도 경쟁은 불가피하다. 하지만 다윈은 생존 경쟁이란 꼭 치열한 약육강식에 있지만은 않다고 했다. 꽃을 피우는 현화(顯花)식물과 곤충은 서로 돕는 공생 관계 형성에 성공했다. 그 결과 현화식물은 지구 생태계에서 가장 무게가 많이 나가는 식물이 되었고, 곤충은 개체 수가 가장 많은 생물이 되었다.

디지털 인재의 조건

조직, 수행 직책 등을 선택하는 것이 최고의 프로페셔널로서 성공적인 경력을 쌓아 갈 수 있는 시발점이 될 것이다.

정보력 강화

정보화 시대에 있어서 정보력처럼 중요한 것도 없다. 정보란 무엇인가? 이는 내용적인 측면에서 볼 때 가치가 인정되는 데이터를 말한다. 정보력이란 무엇인가? 이는 활용적인 측면에서 창조적 성과로 이어지게 하는 역량이다. 풀어서 얘기하면 '정보의 수집, 분류, 축적, 가공, 전파, 그리고 이를 토대로 한 새로운 정보와 지식의 창출, 그리고 이것을 부가가치가 있는 일에 효과적으로 활용하는 능력'이라고 할 수 있다.

정보가 돈을 벌어 주는 '정보 자본주의 시대'가 도래했다. 조직이건 개인이건 '정보경영', '지식경영' 능력을 키워야 한다. 정보력 강화를 위한 노력을 어떻게 체계화하는가에 따라 개인·조직 간의 정보력 격차가 벌어지고, 이것은 결국 경제적 격차로 이어진다.

과거에는 '정보'를 대체로 소수가 독점하고 있어 대다수의 사람들은 소외되어 있었다. 그러나 지금은 인터넷 세상이다. 인터넷은 정보의 바다이다. 웬만한 정보는 거의 다 찾을 수 있다. 검색하면 되는 것을 강의실에서 질문했다는 이유로 별종 인간으로 취급되는 광고까지 등장하는 세상이다.

하지만 정보 검색 능력이 곧 정보력은 아니다. 정보력 강화를 위해서는 다음과 같은 과제들을 체계화해야 한다.

정보 수집 능력

어디서 어떻게 가치 있는 정보를 효율적으로 빨리 찾아낼 수 있는가?

첫째, 국내외 주요 웹 사이트들을 잘 활용하라. 정보의 바다 인터넷상에서도 특히 더 유용한 정보를 제공해 주는 웹 사이트를 분야별 정보 수집 도구로 적절히 활용하면 필요한 정보를 효율적으로 빨리 찾아내는 능력을 기를 수 있다. 2003년 8월 현재 유용한 정보를 주는 주요 웹 사이트들은 다음과 같다.

• 국내 Top 10 웹 사이트

  Naver, Daum, NetMarble, HanGame, Bugsmusic, 스포츠조선, 신문가게, Yahoo Koera, Maxmp3, simFile

• 세계 Top 10 웹 사이트

  Yahoo, Microsoft Network, Daum, Naver, Google,

디지털 인재의 조건

Yahoo Japan, Passport.net, Microsoft Corporation, e-Bay, SayClub

- 국내 Top 10 포털 사이트[15)]

Naver, Daum, Yahoo Koera, DreamWiz, empas, Koera.com, simmani, Shinbiro, NETIAN, hitel

둘째, 업무와 관련 있는 전문 웹 사이트를 발굴하라. 업무 연관성이 많은 웹 사이트를 찾아 활용을 생활화하면 업무에 도움이 되는 생생한 정보를 얻을 수 있다. 저자는 주로 삼성 그룹의 포털인 마이싱글(Mysingle)을 사용하여 대부분의 메일과 지인(知人)·스케줄·지식 관리를 하고 있으며, IT 기술 동향이나 경제·경영 정보, 신간 서적에 대한 정보를 찾는 경우에는 다음과 같은 사이트를 주로 애용하고 있다.

구분		이름(URL)	특징
IT 기술동향	IT 정보	ITFIND (www.itfind.or.kr)	• 정보통신연구진흥원(ITA) 내 IT 정보단 • IT 분야 국가 출연 연구소 지식을 통합하여 제공
		정보통신정책연구원 (www.kisdi.re.kr)	• 국내 최고 IT 관련 국가 정책 연구 기관 • 국가 사회 정보화, IT산업, 기술 정책 관련 연구 제공
	신문	전자신문 (www.etnews.co.kr)	• 국내 IT 산업 전문 일간지 전자신문 홈페이지 국내 IT업계 동향, World Report 등을 제공
	웹진	iWeekly (www.iweekly.co.kr)	• 중앙일보에서 제공되는 디지털 관련 종합 주간지 • 국내외 IT업계 동향, 디지털 Life 등을 제공
		ZDNet (www.zdnet.co.kr)	• IT 전문 온라인 미디어 • IT산업 관련 외신 Headline, 용어 사전 등을 제공

구분		이름(URL)	특징
전문용어	IT 뉴스	ITworld.com (www.itworld.com)	• IT 관련 전문 온라인 미디어 • IT 뉴스, IT 관련 연구 보고서 및 BI 동향 등을 제공
	연구 개발	Gartner (www.gartner.com) IDC (www.idc.com)	• IT 산업 전반에 관한 리서치 및 시장 정보, 뉴스를 제공하는 온라인 미디어
	사전	ClickQ (www.clickq.com)	• 비즈니스, 법률, 무역, IT, 의학, 과학 등 분야별 전문 사전 제공(지식 창고 → 전문 사전 검색)
	IT용	엠파스 (itdic.empas.com)	• 검색 사이트 엠파스에서 제공하는 전문 사전 • 한국정보통신기술협회의 정의를 체계적으로 제공
	평생 교육	크레듀 (www.credu.com)	• B2B 사이버 교육 서비스를 제공 • 경영/직무, 리더십, 6시그마, 금융 교육 콘텐츠
		e-Campus (www.e-campus.co.kr)	• 국내 최대 IT 관련 on,off-line 교육기관 • 직무, IT, 어학, 기본 소양 관련 교육 콘텐츠 제공
		한겨레 문화센터 (www.hanter21.co.kr)	• 평생 교육을 위한 on, off-line 문화센터 • 언론/출판/인문/사회/문화 관련 교육 콘텐츠 제공
서적	신간	YES24 (www.yes24.com)	• 국내 최대의 인터넷 서점(최대 도서량) • 국내외 도서, SW, CD/DVD 등을 분야별로 제공
		인터넷 교보문고 (www.kyobobook.co.kr)	• 국내 최대의 서점인 교보문고의 온라인 쇼핑몰 • 전공서, 국내 미소개 해외 도서의 주문에 강점
	북 리뷰	삼성경제연구소 (seriecon.seri.org)	• 최근 신간을 엄선, 분야 전문가의 서평/목차 제공 (Book → 북리뷰)
		삼성생명 (www.samsunglife.com)	• 최근 서적의 요약, 서평, 관련 서적 등을 제공 (고객 센터 → 플러스 서비스 → 요약 서평)
		LG경제연구원 (www.lgeri.co.kr)	• 경영인에게 필요한 추천 도서의 요약/시사점 제공 (Publications → 주요 도서 요약)
경제/경영	국내 연구 소	삼성경제연구소 (seriecon.seri.org)	• 경제/경영/산업/정책에 관한 연구 보고서 제공 (심도 있는 분석)
		LG경제연구원 (www.lgeri.co.kr)	• 경제/경영/산업별 분석 및 전망 제공 (다양하고 트렌디한 자료)
		현대경제연구원 (www.hri.co.kr)	• 경제/경영/산업/환경에 관한 분석 및 전망 제공 • 심도 있는 산업별 전망을 제공
		한국개발연구원 (www.kdi.re.kr)	• 국가 종합 정책 연구 기관. 경제 분야 연구 자료 제공 • 월별 경제 동향/분기별 경제 전망/북한 경제 동향 제공
	잡지	BusinessWeek (www.businessweek.com)	• 세계적 명성의 주간지 비즈니스위크 홈페이지 • 경제/시사 뉴스/증시를 포함한 시장 동향 제공
		Forbes (www.forbes.com)	• 세계적 명성의 월간 경제지 포브스 홈페이지 • e-Biz. 동향, BI, DW 등을 포함한 IT Research Library, IT White Paper 등을 제공
	학교	Knowledge@Wharton (knowledge.wharton.upenn.edu)	• 와튼스쿨이 제공하는 격주간 온라인 미디어 • 비즈니스 관련 정보 및 연구, M&A 동향 등을 제공
	뉴스	CMP (www.cmpnet.com)	• MS, Intel 등 유수기업의 M&A 및 통합 마케팅 정보를 제공

디지털 인재의 조건

셋째, 생활에 유용한 웹 사이트와 친숙해져라. 비교 사이트, 전자정부 사이트, 마을 정보화 사이트, 은행·증권·카드/보험회사 등 금융 기관의 웹 사이트를 잘 활용하면 생활에 큰 편의를 얻는 동시에 비용과 시간을 절약할 수 있다. 아는 것이 힘이다.

• 주요 비교 웹 사이트

danawa, omi, mymargin, enuri, zandori, yavis, priceland, bestbuyer, nawayo, phonesawa, oilprice, mycardservice, MTnara 등 가격 비교 사이트를 활용하면 많은 비용을 줄일 수 있다. 전자 제품, 패션 잡화, 유아용품, 각종 생필품, 공산품, 휴대 전화 등 분야도 매우 다양하다. 제품의 3D 동영상 정보, 배송료와 카드 수수료를 포함한 실제 거래 가격 정보, 신용카드별 제공 서비스 정보, 휴양지 정보가 제공되는 곳도 있다.

• 전자정부 등 주요 사이트

전자정부(egov.go.kr)를 활용하면 주민등록, 부동산 등기 등 각종 민원 399종을 안방에서 처리할 수 있고, 마을 정보화(invil.org)에서는 금산 약초 마을, 성주 참외 마을 등 전국 108개 농어촌 마을의 특산물을 안방에서 주문할 수 있음은 물론 주요 지방의 유적과 관광 정보 등 역사 공부와 여행에 유용한 정보도 얻을 수 있다.

넷째, 휴먼 네트워크가 중요하다. 정보력을 높이는 또 하나의 좋은 방법은 그 분야에 대해 정통한 사람에게 물어보는 것이다. 포털 사이트나 검색 엔진만 가지고 숲과 나무를 빠른 시간 안에 다 보는 것이 어려운 경우, 대단히 유용한 방법이 될 수 있다. 관심 있는 분야의 여러 전문가들과 교류의 폭을 넓히고 정보도 나눌 수 있는 네트워크를 형성하라.

정보 축적 능력

수집된 정보를 잘 활용하려면 정보를 체계적으로 정리해 두는 것이 중요하다. 연관성이 있는 정보를 한곳에 모아 두고 전체를 동시에 일별해 보면 정보와 정보가 결합되어 새로운 지식, 새로운 아이디어로 이어진다. 이른바 '정보의 누적 효과'를 누릴 수 있는 것이다.

첫째, 정보를 적절히 분류하라. 정보력 강화에 대해서는 두 가지 관점이 있다. 하나는 굳이 정보를 분류할 필요 없이 검색 엔진을 적절히 활용하는 것으로 충분하다는 견해이고, 다른 하나는 아무리 검색 엔진을 유용하게 사용한다 하더라도 정보의 체계적인 분류가 필요하다는 견해이다. 정보의

홍수 속에서 방대한 양의 정보를 분류한다는 것이 어렵기도
하거니와 상당한 시간을 필요로 한다는 관점에서 정보 체계
무용론도 주창되고 있지만, 꼭 이 때문이 아니더라도 정보
의 적절한 분류 체계는 대단히 유용하다. 예를 들어, 자재를
대, 중, 소의 분류 체계 없이 창고에 보관한다면 마구잡이로
쌓아 두는 꼴이 될 것이다. 이렇게 되면 보관의 효율성이 떨
어질 뿐 아니라 어디에 무엇이 얼마나 있는지 알기도 어렵
고, 필요한 자재를 빨리 찾는 일도 힘들어진다. 정보의 경우
도 마찬가지이다. 모든 정보를 지식화하여 두뇌에 보관할 수
는 없으므로, 컴퓨터를 활용하여 자신에게 유용한 방식으로
정보를 분류해서 모아 두어야 한다. 검색과 분류 보관은 상
충 관계에 있는 것이 아니라 보완 관계에 있다.

둘째, 정보를 주기적으로 정리하라. 분류 보관된 정보는
주기적으로 정리할 필요가 있다. 일정 분류 체계에 들어가는
정보를 동시에 훑어보고 생각을 하면서 정리해 두는 습관을
가지는 것이 좋다. 그러면 어떤 정보가 자신에게 더 필요한
지도 느낄 수 있다. 이는 자연스럽게 목표 지향적으로 유용
한 정보를 추가 수집하는 활동으로 이어진다. 정보 수집이
체계화되고, 정보력이 충실하게 쌓이는 것이다. 이러한 과정
이 반복되면 정보의 누적 효과는 기하급수적으로 증대된다.

셋째, 불필요한 정보는 버려라. 3개월 반마다 정보량이 2

배로 늘어나는 인터넷 시대이므로 정보는 계속해서 늘어난다. 그러나 정보는 한시성을 갖는다. 일정 기간이 지나면 정보의 가치가 떨어지게 마련인 것이다. 정보 관리는 콤팩트하게 해야 한다. 정보가 일정량을 넘어서게 되면 감당하기가 어렵다. 불필요하거나 가치가 떨어진 정보는 과감하게 버릴 줄 알아야 한다. 특히 종이 매체의 정보는 체계적으로 보관하고 재사용하기도 어렵다는 문제점이 있다. 버려야 한다. 잘 버리는 사람일수록 정보력이 강해진다.

정보 가공 능력

수집된 정보 중에는 단편적인 정보나 미가공 데이터(Raw Data)가 많다. 잘 가공해야 보석 같은 산지식이 된다.

첫째, 다방면에 걸쳐 많은 공부를 해야 한다. 똑같은 Raw Data라 하더라도 보는 사람에 따라 받아들이는 것이 달라진다. 아는 것만큼 보이고, 느끼는 것만큼 이해될 수 있기 때문이다. 평소의 꾸준한 공부가 정보의 이해력을 증진시키는 중요한 토대가 된다.

둘째, 생각하고 메모하는 습관을 기른다. 자신의 업무나 관심 있는 분야를 생각하면서 정보를 대하면 이해도 깊어지고, 연관된 새로운 아이디어를 얻을 수 있다. 아이디어는 또다시 새로운 아이디어를 낳는다. 그때그때 떠오른 생각을

 디지털 인재의 조건

메모하고 이를 실천에 옮기기를 생활화하면 정보력을 키우는 데 커다란 도움이 된다.

셋째, 논리성을 함양해야 한다. 정보 가공의 체계화는 논리성에 바탕을 두게 마련이다. 관심 분야의 논문이나 이슈 해설 기사를 읽고 토론회에 참석하는 등 논리성 함양을 위해 노력해야 한다. 나아가 스스로 논문을 작성하거나 프레젠테이션, 강연 등의 기회를 가지는 것은 정보 가공 능력을 높이는 좋은 계기가 된다.

정보 활용 능력

아무리 유용한 정보라 하더라도 사용하지 않는다면 무용지물이다. '구슬이 서 말이라도 꿰어야 보배'라는 말도 있듯이 수집, 정리, 가공된 정보를 자신의 업무나 관심 분야, 일상생활에 능동적으로 활용하는 습관을 길러야 한다.

첫째, 자신의 컴퓨터에 '즐겨찾기' 메뉴를 정리해 둔다. 웹 브라우저의 '즐겨찾기' 또한 분야별로 용처(用處)를 정리해 두고 용도에 맞게 활용하면 매우 큰 효과를 볼 수 있다. 모든 메뉴를 매일 쓰는 것이 아니라면 메뉴별 사용 주기도 정례화해 놓는 것이 좋다. 이렇게 하면 '바빠서' 잊는 일은 방지할 수 있다.

둘째, 실천이 중요하다. 마음먹으면 언제든지 할 수 있다

신지식인은 예전과는 달리 학력 고하(高下)나 특정 직업과 무관하다. 통찰력과 비전, 번뜩이는 아이디어와 실행력을 바탕으로 지식을 창조하고, 일하는 방법을 혁신함으로써 새로운 가치를 창출하는 사람이다.

1. 현실에 안주하지 마라

   평생 교육의 시대이다. 부단히 자기 계발에 정진해야 한다.

2. 고정관념을 타파하라

   변화의 시대이다. 기민한 적응을 위해 사고의 유연성을 길러야 한다.

3. 자신만의 분야를 만들어라

   프로페셔널의 시대이다. 남과 확실히 차별화되는 분야를 가져야 한다.

4. 지식을 사랑하라

   새로운 지식 탐구의 생활화로 이어진다.

5. 공유하라

   지식은 나눠도 없어지지 않는다. 오히려 더 큰 기쁨이 되어 돌아온다.

6. 기록하라

   기록은 지식의 보고(寶庫)를 만드는 길이다.

7. 분류하고 축적하라

   그냥 쌓아 놓으면 쓰레기 더미가 될 뿐 재활용이 어렵다.

8. 버려라

   불필요한 자료는 과감히 버릴 줄 알아야 한다.

9. IT를 활용하라

   정보기술의 활용은 지식 관리 효율 증진의 기본 바탕이다.

10. 실천하라

    새로운 부가가치를 낳거나 생산성 향상에 활용해야 산지식이 된다.

고 생각만 하고 행동을 하지 않으면 죽은 정보만 잔뜩 끌어안고 있는 꼴이 된다. 실천 수첩을 만들어 '할 일'과 '한 일'을 정리해 보라. 실천의 생활화를 꾀할 수 있을 것이다.

셋째, 여러 사람과 함께하라. 동료나 친구, 가족 등과 함께 정보 활용 사례를 공유하라. 정보 활용의 폭을 넓히고 실천력을 배가하는 좋은 계기가 될 것이다.

기획력 개발

기획은 계획 수립과는 다르다. 조직이나 개인이 자신의 꿈을 실현하기 위해 비저닝(Visioning)과 같이 큰 의미의 목표와 방향을 설정하고, 주요 마일스톤(Milestone)을 정의하며, 체계적인 실천 계획과 피드백 체제를 갖추는 것들을 총칭하는 것이 '기획력'이다. 기획은 계획과 달리 다음 3가지 요소를 갖추어야 한다.

첫째, 창조성이다. 남이 다 하는 것을 따라서 하는 것은 기획이라고 할 수 없다. 차별성이 있어야 한다. 남보다 앞서야 한다. 그것이 선수(先手) 기획이다. 기획하는 사람의 모험심, 긍지, 사명감이 그 안에 담겨져야 한다.

둘째, 현실성이다. 조직의 목표와 합치되어야 하며, 실천 가능한 과제로 이어져야 한다. 또한 계수화(計數化)에 의해 객

관적 평가를 뒷받침할 수 있는 토대를 만들어야 한다. 그렇지 못하면 실천이 뒤따르지 못하는 기획(奇劃)이 되고 만다.

셋째, 논리성이다. 기획은 단순한 아이디어가 아니다. 체계적이며 시스템화되어야 한다. 충분한 정보 수집과 분석 및 가공 과정을 필요로 하며, 다양한 가설과 대체안을 검토하고 평가 과정을 거쳐야 한다. 기획은 전문성과 논리성, 문제의식, 신념, 프로 의식 등이 한데 어우러져 만들어지는 종합 작품이다.

기획인 10훈

1. 기획은 기획자의 신념, 철학, 인생관의 표현이다. 꿈을 실현한다는 의욕을 가져라.
2. 확신을 가지고 계획적, 지속적으로 자기를 개발하라.
3. 뇌력(腦力)과 체력(體力)과 기력(氣力)을 단련하라.
4. 가능한 한 데이터를 모아라. 그리고 그것을 철저하게 읽어라.
5. 조직력을 적극 활용하라.
6. 착안은 넓게 하고, 착수는 좁게 하라.
7. 반드시 결과를 예측하라.
8. 결과를 분석하고 음미하여 반성의 교훈을 얻어라.
9. 노하우를 계속해서 축적하고 활용하라.
10. 정보를 공유하라.

디지털 인재의 조건

창의력 함양

할리우드의 대박 영화 하나가 우리나라 자동차 100만 대 수출을 능가하는 부가가치를 낳는다. 온라인이든 전용기 게임이든 인기를 모으면 많은 사람들이 열광한다. 차별화된 비즈니스 모델 하나만 가지고도 엄청난 커뮤니티를 모을 수 있다. 이른바 창의의 시대, 지산품(知産品, Heartcraft)의 시대이다.

그런데 안타깝게도 우리 교육은 주입식, 암기식 교육의 틀을 크게 벗어나지 못하고 있는 실정이다. 지금부터라도 각자 스스로의 창의력 개발에 발 벗고 나설 수밖에 없다. 왕도가 따로 없다.

계속 공부하라

사람은 보통 25세가 넘으면 하루 10만 개 정도의 뇌세포가 수명을 다해 파괴된다고 한다. 그럼에도 불구하고 머리를 많이 사용할수록 뇌신경 세포가 새롭게 가지를 친다. 다방면에 걸쳐 많은 공부를 하면 그만큼 많은 것을 보고 느낄 수 있다. 이는 창의력의 기본 바탕이 된다.

문제의식을 생활화하라

어떤 일을 하든, 무슨 생각을 하든 이 방법 외에는 없는 것인지, 과연 이것이 최선인지 늘 생각하고 고민하는 자세를 생활화하고, 계속해서 새로운 것, 더 나은 것을 찾도록 해야 한다.

메모하는 습성을 가져라

기억해 두고 싶은 정보나 이야기, 글이 있다면 모두 기록해 두어라. 자신만의 번득이는 아이디어도 반드시 기록하는

대우종합기계 김규환씨 이야기

"저는 제안 2만 4612건, 국제발명특허 62개를 받았습니다. 저는 조금이라도 도움이 되는 거라면 무엇이든 개선합니다. 하루 종일 쳐다보고 생각하고 또 생각하면 해답이 나오거든요.

가공 기계 개선을 위해 석 달 동안 고민하다가 결국 꿈에서 해답을 얻어 해결한 경험도 있습니다. 얼마 전에는 새로운 자동차 윈도우 브러시도 발명했지요. 유수의 자동차 회사에서도 이런 것은 발명하지 못했는데 말이죠.

제가 발명하게 된 배경을 설명 드리겠습니다. 회사에서 상품으로 받은 자동차의 윈도 브러시 작동에 문제가 생겨 교통사고가 났습니다. 그 후 자나 깨나 개선할 수 있는 방법만을 생각했습니다. 그러다가 영화 〈타이타닉〉에서 배가 물을 가르는 장면을 보고 한 가지 아이디어를 떠올렸습니다. 그 아이디어를 대우자동차 김태구 사장에게 말씀 드렸더니 1개당 100원씩의 로열티를 주겠다고 하시더라구요. 그렇게 하기로 약속하고 돌아오는 길에 고속도로와 길가의 차를 보니 모두 돈으로 보이더군요. 돈은 천지에 있습니다. 마음만 있으면 돈은 들어온다니까요."

습관을 가져라. 정보나 아이디어는 휘발성이 있어서 아무리 기억력이 좋아도 메모를 해 놓지 않을 경우 시간이 지나면 대부분 다 날아가 버린다. 메모는 아이디어 실천의 베이스 캠프이자 새로운 아이디어를 낳는 도구가 된다.

실천하라

실천함으로써 현장감이 제고되고, 더욱더 실질적이고 유용한 아이디어를 계속해서 생산해 낼 수 있다. 현장과 관련된 새로운 이론과 실전 경험이 합쳐질 때 창의력은 진가를 발휘하게 된다.

커뮤니케이션 스킬 향상

요즘을 '4C 시대'라고 얘기한다. 콘텐츠(Contents), 커뮤니티(Community), 커머스(Commerce), 커뮤니케이션(Communication)이 바로 그것이다. 무인궁도(無人窮途)에서 혼자 살지 않는 한 사회생활 그 자체가 커뮤니케이션의 연속이다.

커뮤니케이션은 글이나 말, 또는 이미지(그림, 영상, 몸짓, 눈빛)에 의해 이루어진다.

문서 표현력

글이나 프레젠테이션 자료는 간단 명료해야 한다. 전달하고자 하는 의사를 간단명료하게 정리할 수 있어야 한다. 놓치는 부분이 없으면서도 군더더기 역시 없는, '숲과 나무'의 균형이 잡힌 체계성과 깔끔함이 동시에 요구된다. 이를 위해서는 좋은 글을 많이 읽고, 스스로도 그런 글을 써 보는 노력을 기울여야 한다.

글을 쓰는 것은 좋은 공부가 되기도 한다. 말하는 것과 달리 글을 쓰는 데에는 특히 더 정확성과 논리성이 요구된다. 글을 써 봄으로써 막연했던 정보나 지식을 더욱 확연하게 자신의 것으로 만들 수 있을 것이다.

구두 표현력

글은 시각적인 효과가 있지만 말에는 그런 것이 없다. 따라서 듣는 상대가 "저 사람이 지금 무슨 얘기를 하는 거지?" 하는 의문을 갖지 않도록 충분한 배려를 해야 한다. 무엇에 대한 얘기인지를 먼저 명확히 전달하고, 이야기의 요점부터 얘기한 후에 상세 내용을 전달하는 것이 효율적이다. 요점은 뒤로 미룬 채 배경이나 과정을 장황하게 얘기하는 것은 상대를 지루하게 만들고, 짜증나게 할 뿐이다.

말을 자꾸 해보는 것도 유익한 공부가 된다. 듣는 사람들에게 자신의 말이 설득력이 있는지를 검증해 볼 수 있는 방법도 되고, 정보나 지식, 또는 자신의 견해를 자기 뇌리에 더욱 확실히 담아 두는 수단도 된다.

역지사지

커뮤니케이션의 특성은 상호성에 있다(일 대 일, 혹은 일 대 다수). 즉, 상대방이 알아들을 수 있는 용어와 속도로 말해야 커뮤니케이션의 목적을 달성할 수 있다. 특히 전문 용어나 약어(略語)의 남발은 금물이다. 듣는 사람은 없고, 말하는 사람만 있는 꼴이 되기 십상이기 때문이다.

다수를 대상으로 하는 커뮤니케이션에 있어서는 무지한 사람을 이해시킬 수 있는 배려까지도 포함하고 있어야 한다. 즉, 듣는 사람 중에서 가장 이해력이 떨어지는 사람도 이해시킬 수 있도록 쉬운 자료를 준비하는 등 설명 요령을 세심하게 선택해야 한다.

피드백

듣는 상대의 반응을 고려하면서 이야기를 전개해 나가야 한다. 이해를 하면서 잘 따라오고 있는지를 눈빛과 표정을 통해 모니터링하면서 어법과 속도를 적절히 조절한다. 그래야 공감을 얻는 커뮤니케이션이 될 수 있다.

예절

　사람들은 누구나 겸손하고 예의 바른 태도를 가진 사람에게 호감을 가지게 마련이다. 겸손하다는 것은 자신을 낮추는 것이고, 예의라는 것은 상대방을 존중하는 마음의 표현이다. 지극히 기본적이고 평범한 애기지만, 이러한 태도가 몸에 밴 사람은 생각보다 많지 않다.

　이런 기본이 잘 지켜지지 않았을 때 사람들은 불쾌한 느낌을 받게 된다. '아'와 '어'가 다르다는 사실을 누구나 한 번쯤은 경험해 보았을 것이다. 내가 상대로부터 느꼈던 불쾌함을 다른 사람이 나에 대해 느끼지 않도록 하려면 상당한 조심성이 뒤따라야 할 것이다. 상대를 불쾌하게 만드는 태도나 어휘, 어투로는 절대 좋은 커뮤니케이션을 할 수가 없기 때문이다.

설득력을 가지는 프레젠테이션 능력

　『맥킨지는 일하는 방식이 다르다』라는 책을 보면 '한 줌의 소금을 얻기 위해 바다를 끓이려 하지 말라'는 이야기가 있다. 이는 모든 것을 분석하려 하지 말고 선택적으로 분석하라는 것이다. 다시 말하자면, 단순하게 열심히 하는 것보다는 현명하게 일하라는 것이다. 문제의 핵심을 가려낼 수 있을 정도의 정제된 정보만으로 분석 자료를 만들어도 충분하다고 강조하고 있는 것이다.

맥킨지가 중요하게 생각하는 것 중에 'MECE; Mutally Exclusive, Collectively Exhaustive(중복이 없으면서도 전체적으로는 모두 포함되도록)'라는 것이 있다. 이것은 문제를 열거할 때 혼동 없이 개별적인 사안으로 구분하되 모든 문제를 빠짐없이 포함하고 있어야 한다는 뜻이다. 풀어서 이야기하자면, 나무와 숲을 동시에 볼 수 있는 안목을 가지고 있어야 하며, 혼동을 주지 않는 명쾌한 기술 능력이 있어야 한다는 것이다.

예를 들어, 고객의 문제를 분석하고 대안을 제시할 때 "품질 수준을 획기적으로 제고한다", "상품의 단위 원가를 낮춘다"고 말하는 것은 듣는 사람마다 해석이 다를 수 있는 애매모호한 표현이 된다. 따라서 이런 표현보다는 "상품의 질을 개선하기 위해 디자인과 설계 과정을 개선한다", "단위 원가를 낮추기 위해서 생산 과정을 재정비한다"라는 식으로 명확히 표현해야 한다는 것이다.

'엘리베이터 테스트(Elevator Test)'라는 이야기도 있다. 이것은 엘리베이터가 위층에서 1층으로 내려가는 30초 정도의 짧은 시간 이내에 자기가 하고 싶은 말을 요점으로 전달해 상대방을 이해시킬 수 있어야 한다는 의미를 담고 있다.

실례로, 한 컨설팅 회사가 6개월간 10여 명의 인원을 투입해서 작업한 컨설팅 보고서를 고객사에 방문해 발표할 준비를 하고 있었다. 그런데 보고회 시작 직전에 갑자기 고객사 사장이 출장을 가게 되어 보고회 참석이 불가능해졌다. 사장은 대표 컨설턴트에게 함께 엘리베이터를 타고 내려가는 동안 요점만 몇 마디로 설명해 달라는 주문을 했고, 그 컨설턴트는 "고객 지향적으로 조직을 개편하면 6개월 내에 매출을 30% 증가시킬 수 있을 것입니다."라고 보고했다.

'엘리베이터 테스트'라는 것은 위의 경우와 같은 돌발 상황에 대비한다는 의미도 있지만, 어떤 일을 할 때에는 항상 그 일의 궁극적 목표와 본질을 생각하고 일해야 한다는 뜻까지도 내포한다.

쉬어 가는 글 · 한국인의 국어 능력은 58점

2003년 9월 문화관광부가 한국언어문화연구원에 의뢰해 서울에 거주하고 있는 고교생과 대학생, 일반인들을 대상으로 국어 능력을 측정해 보았다. 결과는 100점 만점에 58.26점으로 나타났다.

영역별로는 어휘 영역이 66.59점, 듣기 60.45점, 쓰기 57.49점, 읽기 55.41점, 어법/어문 규정은 53.44점이었다. 연령별로는 10대가 52.39점, 20대 69.97점, 30대 58.46점, 40대 55.83점, 50대 이상은 48점으로 나타났다. 직업별로는 대학생 70.25점, 일반인 57.37점, 고교생이 52.11점의 순이었다.

전반적으로도 많은 문제가 있지만, 특히 자라나는 10대의 국어 수준이 심각하다. 국어 공부 좀 제대로 하자.

디지털 인재의 조건

설득력을 가지기 위해서는 생각하고 있는 것을 짧고 명쾌하게 이야기할 수 있어야 한다. 또한 상대방으로부터 신뢰를 얻기 위해서는 모르는 것은 모른다고 말하고, 안 되는 일은 안 된다고 정직하게 말해야 한다. 질문에 답할 수 없는 상황인데도 초점 없는 말을 늘어놓는 것보다는 모른다고 정직하게 답하는 것이 훨씬 더 나은 결과를 가져올 수 있다.

시간 효율 증진

몇 년 전, 미국의 한 대학 교수가 최근의 빠른 변화를 강조하기 위해 다음과 같은 이야기를 했다. "인류는 5000년 전에 문자를 만들어 냈고, 500년 전에는 인쇄술을 발명했다. 50년 전에는 텔레비전 영상 기술을, 5년 전에는 멀티미디어 기술을 만들어 냈다."

이와 같이 모든 것이 빠르게 움직이고 끊임없이 변화하는 세상을 사는 현대인들은 모두 바쁘게 마련이다. 이 때문에 할 일은 많은데 시간이 없다고 푸념하는 사람들이 많다. 하루가 48시간이었으면 좋겠다는 얘기도 많이 듣게 된다. 그러나 시간처럼 공평한 것도 없다. '만인동액(萬人同額)의 자본금'이라고 하는 시간의 관점에서는 모두가 다 평등하다.

문제는 사람들이 시간을 어떻게 쓰느냐에 달려 있다. 정해진 시간 안에 모든 것을 다 할 수 없다면 우선순위를 결정하여 중요한 일에 더 많은 시간을 할애함으로써 가장 중요한 일을 먼저 처리해야 할 것이고, 쓸데없는 일들은 과감하게 버릴 수 있어야 한다.

또한 스티븐 코비 박사가 이야기한 것처럼 '중요하지만 급하지 않은 일'도 미래를 위해 신경 써서 하는 습관을 기르는 것이 오늘과 내일을 다르게 만드는 바탕이 될 것이다.

디지털 인재의 조건

팀워크 강화

우리가 기업을 만들고 조직을 구성해서 일하는 이유는 그렇게 하는 것이 각자 일하는 것보다 효율적이기 때문이다. '1+1'로 2가 아니라 10을, 100을 만들려는 것이다. 조직의 파워를 키우는 데 있어서 팀워크는 대단히 중요한 요소가 된다. 팀워크 강화를 위해서는 다음과 같은 것들이 필요하다.

첫째, 조직의 미션을 명확히 이해해야 한다. 다시 말하면, 왜 모여 있는가를 잊지 말아야 한다. 조직의 사명과 역할, 중·장기 비전과 단기 목표를 명확히 이해해야 한다.

둘째, 구성원으로서의 역량을 배양해야 한다. 구성원 한 사람, 한 사람이 강해야 조직도 강해질 수 있다. 각자가 차

겁(劫, Kalpa)

옷깃만 스쳐도 3천 겁의 인연이라고 한다. 겁은 가장 길고 영원하며, 무한한 시간이다. 불교의 초기 경전(經典)인 『잡아함경(雜阿含經)』에서는 사방이 1유순(由旬; 약 15km)이나 되는 큰 바위를 100년마다 한 번씩 흰 천으로 닦아 그 바위가 다 닳아 없어져도 끝나지 않는 것이 '1겁'이라고 한다. 그렇다면 한 직장, 한 조직에서 동료로, 또는 상사나 부하로 함께 일한다는 것은 얼마나 깊은 인연인가? 그 인연의 소중함을 생각한다면 그 어떤 어려움일지라도 극복하지 못할 것이 없을 것이다.

별화된 전문성을 바탕으로 핵심역량을 배양하는 노력을 지속적으로 기울여야 한다.

셋째, 협력을 잘 해야 한다. 개인기와 조직력이 조화를 이루어야 강한 축구팀이 만들어질 수 있는 것과 마찬가지로, 조직 내 구성원들 간에도 기꺼이 협력할 수 있어야 한다. 이를 위해서는 끈끈한 연대 의식을 바탕으로 상호 존중, 솔선, 희생 정신이 필수적이다. 그래야만 강한 조직이 된다.

넷째, 인연을 소중하게 생각해야 한다. 사람들은 모두 다른 개성을 가지고 있어서 조직 구성원 간에는 서로 잘 맞는 사람도 있는가 하면, 잘 맞지 않는 사람도 있게 마련이다. 이로 인해 팀워크에 지장이 생긴다면 이는 큰 문제이다. 일이 많아서 고생하는 것은 즐거운 마음으로 할 수 있다지만,

일체유심조(一切唯心造)

'일체유심조' 란 일체 만법이 마음에 있다는 의미이다. 의상대사와 함께 당나라로 유학길에 오르던 원효대사가 밤중에 마셨던 시원한 물이 날이 밝고 보니 해골 물임을 알고 나서 심한 구토로 괴로움을 당한 후, '더러움과 깨끗함이 모두 나의 마음으로부터 일어나는 분별이며, 천태만상의 현상 역시 어리석은 마음의 조각에 지나지 않는다' 는 깨달음을 얻었다는 데에서 비롯된 이야기이다.

디지털 인재의 조건

마음 고생은 되도록 하지 말아야 할 것이다. 인연의 소중함을 생각하여 서로 양보하고 격려하면서 뜨거운 동료애와 의욕이 불타는 조직 분위기를 만들어야 한다.

행운 만들기

'운이 좋다'는 얘기를 듣는 사람들이 있다. 그렇다면 운이 좋은 사람과 나쁜 사람은 정해져 있는 것일까? 로또 복권에 당첨되어 횡재하는 사람들도 있다. 그러나 이는 확률 게임일 뿐이다. 어쨌든 극소수의 당첨자는 있게 마련인 게

POINT 행운을 불러들이는 방법

1. 항상 긍정적으로 생각한다.
2. 새로운 일에 과감하게 도전한다.
3. 실패를 걱정하지 않는다.
4. 남보다 더 많은 노력을 기울인다.
5. 작은 일에도 감사하는 마음을 갖는다.
6. 낙관적인 사람이 되려고 노력한다.
7. 부정적인 생각이나 말을 삼간다.
8. 하면 된다고 생각한다.
9. 한번 시작한 일은 최선을 다해 마무리한다.
10. 겸손하고 예의 바른 사람이 된다.

제3부 일하는 방식과 미래를 위한 자기 계발

임인 것이다.

반대로, '아홉수 때문에', '삼재(三災)가 들어서'라는 말도 종종 들을 수 있다. 하지만 이는 자만하지 말고 조심하라는 좋은 의미의 경구(警句)라고 생각하는 것이 현명할 것이다.

성공전략연구소를 경영하고 있는 나폴레온 힐(Napoleon Hill)은 "성공을 손에 넣기 위해서 필요한 것은 오직 한 가지, 건전한 사고(思考)뿐이다"라고 했다. 어려운 상황에 대비하기 위해 걱정하고 준비하는 것은 삶의 지혜이기도 하다. 그러나 비관적인 사고는 인간의 능력을 충분히 발휘하지 못하게 하는 걸림돌로 작용한다. 일체유심조. 모든 것은 마음 먹기에 달려 있는 것이다.

제4부 | 차 한 잔의 이야기

의지

　사람에게 꿈이 없으면 죽은 것과 같다는 말이 있다. 『나는 희망의 증거가 되고 싶다』라는 책을 기억하는 사람이 많을 것이다. 이 책은 가발 공장 현장 종업원에서 시작해 하버드대학 박사 과정까지 진학한 서진규라는 여성의 드라마 같은 인생 이야기이다.

　서진규 씨는 1948년생으로, 제천에서 중학교를 졸업하고 서울에서 풍문여고를 다녔다. 그 당시 시골 여학생이 서울에 유학 왔다는 것은 대단한 일이었다. 그녀의 오빠도 제천에서 고등학교를 다녔으므로, 아들 선호 사상이 팽배했던 시대에 그녀의 경우란 상상하기조차 어려운 일이었다.

　풍문여고에서는 중학교에서처럼 1~2등을 하지 못해 장학금을 받으면서 대학에 진학할 수가 없었다. 그렇다고 집에서 대학 학비까지 대 줄 수 있는 형편은 못 되었으므로, 그녀는 한동안 무위도식하고 있었다. 그런 딸이 걱정이 되어 집에서는 고향으로 내려오라고 했지만 그녀는 서울에 머물러 있었다.

그러다가 아는 사람을 통해 가발 공장에 취직했다. 그 당시 여공들은 대부분 초등학교 졸업의 학력이었다. 작업 환경도 열악했고, 월급도 몇 푼 되지 않아 방황하다가 그녀는 다른 사람의 소개로 골프장에 취직했다. 골프장에는 캐디나 식당 여종업원 자리가 있었는데, 당시 캐디는 중졸 이상, 식당 여종업원은 고졸 이상이 근무 요건이라 식당 근무를 자청했다. 그러다가 다시 여행사로 직장을 옮기고 영어를 공부하면서 미국 사람에게 한글을 가르치기도 했다.

우여곡절 끝에 그녀는 미국에 가정부 자리를 얻어 23세 때 이민을 갔다. 미국에서는 온갖 허드렛일을 하면서도 대학에 등록해 주경야독을 게을리하지 않았다.

미국 생활을 시작한 지 3년 여가 지났을 무렵 대한민국 합기도 청년들이 미국에 단체 방문을 왔고, 그녀는 이때 알게 된 청년과 결혼을 하여 아이도 낳았다.

남편은 합기도 외에 다른 일은 할 줄 모르는 사람이었기 때문에 집안 살림은 그녀가 도맡아야 했다. 요즘은 사정이 다르지만 그때만 해도 가정 내 폭력이 많았는데, 불행하게도 그녀는 남편의 폭력을 견디며 살아야 했다. 이를 고쳐 보고자 참으로 많은 노력을 했지만 남편은 "1년에 몇 번 맞는 거 가지고 뭘 그러는 거야? 옆집 부인은 남편에게 매일 맞고 살면서도 아무 말 없는데.” 하는 식이었다. 더 이상 참을 수 없었던 그녀는 남편과 떨어져 살기 위해 미군에 일등병으로 입대했다.

그녀는 군사학교도 1등으로 졸업하고 근무 성적도 좋아 병장으로 진급했다. 그러나 병장에 안주하지 않고 준위 시험에 응시했지만, 낙방하고 말았다. 군 경력이 짧다는 것이 이유였다. 그런데 하루는 특무상사가 부르더니 장교가 되어보지 않겠느냐고, 추천서를 써 주겠다고 했다. 이렇게 장교에 지원한 그녀는 14주의 어려운 훈련 과정을 거쳐 소위가 되었다.

임관 후에는 한국에서 중대장, 일본에서 소령으로 근무하면서 일본어도 공부했다. 남편과 이혼하고 미국인 소위와 새 가정을 꾸렸지만, 이 역시 실패로 끝나고 말아 결국 다시 헤어지고 말았다.

그 후에는 하버드대학에서 공부하여 박사 과정에 합격했다. 그녀는 육군 중령과 하버드대학 박사 과정의 두 가지 길을 놓고 고민하다가 결국 하버드 쪽을 택했다.

그녀는 어떤 일에 도전할 때 3가지를 생각한다고 한다. 첫째, 내가 무엇에 도전하는가? 둘째, 내가 도전하는 것을 이루기 위해 필요한 것 중 현재 갖추고 있는 것은 무엇인가? 셋째, 내게 더 필요한 것은 무엇인가?

　이렇게 굳은 의지로 난관을 극복하였기에 마침내 그녀는 성공을 거머쥘 수 있었다. 그리하여 오늘날 어려운 고비를 지나고 있는 수많은 사람들에게 꿈과 희망의 메시지를 전하게 된 것이다. 열심히 사는 사람보다 더 아름다운 사람은 없다. 그리고 이런 사람들은 지금은 비록 어려운 고비를 넘고 있을지라도 언젠가는 반드시 그 꿈을 이루고 마는 것이다.

　미국의 서부 개척 시대에는 '로트법(Lot's Law)'이라는 것이 있었다고 한다. 드넓은 땅이 펼쳐져 있으나 이 땅에 임자가 없으니 말을 타고 가서 깃발만 꽂으면 그 땅의 주인이 되어 농장을 가질 수 있도록 한 것이었다. 서부 개척 시대 초기에 많은 개척자들의 의욕을 북돋아 주었던 이 로트법은 서부 개척 시대의 종말과 함께 사라져 버렸다.

　지금 우리 앞에 펼쳐진 인터넷 세계는 마치 로트법이 지배하던 서부 개척 시대와 흡사하다. 가장 먼저 깃발을 꽂는 사람이 주인이 되는 세상이다. 창의와 열정을 바탕으로 맨 처음 시작하는 사람이 '인터넷 광야의 농장주'가 된다는 뜻이다.

　실제로 현재 인터넷 세상에서 영웅이 되어 있는 기업들을 보면 자신의 분야에서 한발 앞서 아이디어를 실현한 기업들임을 쉽게 알 수 있다. 사이버 서점 분야에서 단연 돋보이는

'아마존'이 그러하고 정보 포털 분야에서 앞서 가는 '야후'가 그러하다.

승자 독점의 시대가 열리면서 'First is Beautiful'의 시대가 되었다. 선수를 쳐야 한다. 기업 환경과 기술의 변화 추이를 꿰뚫어 볼 수 있는 혜안을 가지고 시장의 니즈를 경쟁자보다 먼저 파악하여 사업 모델을 입안하고 실행에 옮기는 사람이 인터넷 세상의 승자가 될 수 있다. 꿈을 크게 꾸되 스스로의 현주소가 어디이며 강·약점이 무엇인지를 파악하고, 꿈을 이루기 위해 무엇을 어떻게 해야 할 것인지 숙고하여 발 빠른 실천에 나서야 한다.

옛날 중국 북산(北山)에 90세를 넘긴 우공(愚公)이라는 노인이 살고 있었다. 그가 사는 마을 앞에는 태형산(太形山)과 왕옥산(王屋山)이라는 두 개의 큰 산이 있어서 산 북쪽으로 왕래를 하려면 멀리 돌아가야 하는 고충이 있었다.

어느 날 우공은 온 가족을 모아 놓고 힘을 합쳐서 저 산을 평평하게 만들어 곧바로 다닐 수 있게 하자고 제안했다. 그리고는 자손들과 함께 돌을 깨고 흙을 파서 삼태기에 담아 옮기기 시작했다. 그러는 가운데 여러 해가 흘러갔지만 산의 모습은 별로 달라지지 않았다.

이를 바라보던 지수(智手)라는 사람이 "남은 생애의 여력으로 산의 한 터럭도 허물 수 없을텐데 저 흙과 돌을 어쩔 것이오?" 하면서 비웃었다. 그러자 우공은 "내가 비록 죽더라도 아들이 있고, 그 아들이 손자를 낳고, 계속되어 자자손손 그치지 않을 것이오. 그렇게 자자손손 계속한다면 산이

어찌 평평해지지 않겠소?"라고 대답했다고 한다.

이 이야기는 『열자(列子)』 '탕문편'에 나오는 '우공이산(愚公移山)', 즉 '우공이 산을 옮긴다'는 우화로, 대를 이어 산을 옮기겠다는 생각이 오늘날의 관점에서 보면 어리석게 느껴질 수 있다. 그러나 이 우화의 진정한 의미는 자신만을 생각하며 하루아침에 성공하려는 사람은 세모(歲暮)에 이르러 한탄하게 되지만, 대인(大人)은 의로운 일이라면 비록 자기 당대에 그 열매를 보지 못한다 하더라도 꾸준히 실천에 옮긴다는 데 있다.

많은 사람들이 성공과 행복을 꿈꾼다. 하지만 만약 그 성공이 당장 눈앞에 보이는 이익을 쫓는 이기적인 것이라면 그 끝은 허망할 뿐이다. 진정한 성공이란 자신만을 위하는 소아(小我)에서 벗어나 타인까지 이롭게 하는 경지에 오른 것이라야 할 것이다.

한때 벤처 열풍에 편승하여 특별한 기술이나 수익 모델도 없이 그럴듯한 이름으로 회사를 설립하고는 돈을 긁어모은 뒤 자신의 주식을 팔아 버리는 소위 '먹튀(먹고 튄다)족'이 있었다. 그런 사람들은 분명 '우공이산'의 우화를 비웃을 것이다. 하지만 건전한 소명 의식을 가진 사람이라면 '우공이산'의 우화를 되새기며 자신에게 주어진 사명을 묵묵히 수행해 나갈 것이다.

"Slow and steady for Win-Win!"

 디지털 인재의 조건

철강왕 카네기(Andrew Carnegie)가 죽음을 앞두고 '여기 자신보다 현명한 인물들을 자신의 주변에 모이게 하는 재주를 가졌던 한 인간이 잠들다' 라는 비문을 남겨 달라고 당부한 의미는 새삼 되새겨 볼 만하다.

정부, 기업, 개인 등 어떤 경제 주체이건 간에 모든 역량을 다 보유할 수는 없다. 무한 경쟁 시대를 맞아 시공간을 초월한 글로벌 네트워크를 키워 나가는 것이 곧 경쟁력을 강화해 나가는 길이다. 블록 경제, 자유 무역 협정, 전략적 제휴, 아웃소싱의 트렌드가 확산되고 있는 사실이 네트워크의 중요성을 웅변하고 있다.

네트워크를 잘 형성하면 시너지를 낼 수 있다. '시너지(Synergy)' 라는 단어는 '함께 일한다' 는 뜻을 가진 고대 그리스어 'Synergos' 에서 유래한 말이다. '시너지 효과' 라는 말을 브리태니커백과사전에서 찾아보면 '기업과 같은 조직이나 약품, 혹은 개체 간의 상호 작용으로 말미암아 개개의 효과보다 전체의 효과가 더 커지는 현상'이라고 정의되어 있다.

'비타민 C의 보고(寶庫)'라고 해서 한때는 인기 식품이었던 시금치가 신장 결석의 원인이 된다는 연구 발표가 있자 수요가 격감한 일도 있었지만, 참기름과 함께 먹으면 아무 문제가 없다는 것이 밝혀졌다. 참기름에는 칼슘이 많이 들어 있는데, 이 칼슘이 시금치 속의 유해 성분을 없애 버린다는 것이다. 이처럼 '시너지 효과'는 개별 요소가 가지고 있는 이질적인 요소가 화학적으로 융합될 때 생각지도 못했던 큰 힘을 낳는다.

오래 전, 엘리베이터 예절이 이래서는 안 되겠다는 생각이 들어 큰딸에게 교육을 시켰다. "앞으로 엘리베이터 탈 때 만약 나이 드신 분이 타게 되면 무조건 인사해라. 그리고 나중에 타라. 그러면서도 재빨리 엘리베이터 버튼 앞으로 가서 몇 층 가시냐고 여쭈어 보고 네가 대신 눌러 드려라. 그리고 누가 먼저 내리게 되든 인사를 해라."

그런데 하루는 아이가 싱글벙글하면서 집에 들어오는 것이었다. "너 오늘 무슨 일이 있었니? 시험을 잘 본 모양이구나?" 했더니 "그게 아니에요. 잠시 전에 어떤 아저씨하고 같이 엘리베이터를 탔는데, 지난번 말씀하신 대로 해봤어요. 그랬더니 아저씨가 웃으면서 제 머리를 쓰다듬어 주셨어요. 그러면서 너 어느 학교 다니냐, 부모님은 뭐 하시냐 하시며 그렇게 좋아하실 수가 없지 뭐예요." 하며 환하게 웃는 것이었다. 별것 아닌 일로 사람은 기분이 상할 수도 있고, 감동을 받을 수도 있다. 작은 일도 좋은 것이 계속 쌓이면 세상은 밝고 아름다운 사회가 된다.

몇 년 전의 일이다. 일본 출장을 가서 여러 기업을 방문하게 되었다. 먼저 A사를 찾았다. 그 회사의 X상무와 약속이 있어서였다. 그런데 우연히 엘리베이터 안에서 구면인 Y사장을 만났다. 가볍게 인사를 나누고 엘리베이터에서 내리게 되었다. 그런데 Y사장은 먼저 내리더니 뒤도 돌아보지 않고 자기 방으로 가 버리는 것이었다. 웬만하면 "모처럼 오셨는데, 차라도 한잔 하십시다" 하거나 혹은 최소한 "모처럼 오셨는데 일정이 빡빡해서 못 모시게 되었으니 양해하시고, 일 잘 보고 가시기 바랍니다"라고 해야 도리라고 생각되었다. 어쩐지 씁쓸한 느낌을 지울 수 없었다.

그날 오후, B사를 방문하게 되었다. 첫번째 방문이었다. 업무 협의를 마친 후 회의실에서 Z사장에게 작별 인사를 했더니, 부득불 엘리베이터 앞까지 따라 나오는 것이 아닌가. 들어가시라고 했는데도 Z사장은 현관까지 내려와 인사를 하고, 내가 탄 승용차가 시야에서 사라질 때까지 손을 흔들고 서 있었다. 그 회사 임원들 모두 나보다는 나이가 위인 분들이었는데, 그중에서도 Z사장은 가장 연세가 드신 분이었다. 그때의 큰 감동이 아직까지도 생생하다. 만약 두 회사 중 한 회사와 협력을 해야 한다면 어느 회사와 협력을 하고 싶어질까?

디지털 인재의 조건

네트워크 시대가 열리면서 고객, 협력 회사, 제휴선 등과
의 긴밀한 유대 관계가 더욱 중요해지고, 경제의 글로벌화
로 문화적, 언어적 배경이 다른 사람들과 접할 기회도 점점
더 많아지고 있다. 이런 환경 속에서 협력의 성패를 좌우하
는 중요한 요소 중 하나가 바로 '대화' 이다. 대화에는 다음
과 같은 원리가 작용한다.

첫째는 '신뢰(信賴)' 이다. 대화를 통해 일을 성취하기 위
해서는 양자 간의 신뢰가 바탕이 되어야 한다. 신뢰할 수 없
는 사람과는 제대로 된 대화를 할 수 없고, 설사 대화를 한
다 하더라도 소기의 성과를 거둘 수 없다. 남에게 신뢰할 만
한 사람으로 기억된다는 것은 대단히 큰 재산이다.

둘째는 '개심(開心)' 이다. 여기에서는 '지혜를 일깨워 준
다' 는 의미가 아니라 '마음의 문을 연다' 는 의미로 이해하
면 된다. 서로 간에 마음의 문을 활짝 열어야 한다. 그래야

흉금을 털어놓는 진지한 대화가 가능해진다. 커뮤니케이션은 쌍방 통행을 전제로 하는 것이다. '개심견성(開心見誠)'이라는 말이 있다. 마음의 문을 열고 상대방에게 나의 성실한 태도를 보여야만 대화가 이루어진다는 의미이다. 마음을 연 대화는 이해를 낳고, 이해는 신뢰를 낳고, 신뢰는 협동을 낳는다.

셋째는 '역지사지'이다. 원활한 대화를 위해서는 처지를 바꾸어 생각하는 마음가짐이 필요하다. 우선 상대방이 이해하기 쉽도록 얘기할 준비를 철저히 해야 한다. 그리고 '나는 언제나 옳고 너는 언제나 그르다'는 식으로 생각하는 어리석은 돈키호테가 되지 말아야 한다. 상대방의 입장에 서야 한다.

넷째는 '경청(傾聽)'이다. 우리는 겸허한 마음으로 상대방의 이야기를 귀 기울여 들을 수 있어야 한다. 또한 상대방의 목소리만 듣고 판단할 것이 아니라 그 속에 숨어 있는 의도를 정확하게 짚어 내는 지혜도 지녀야 한다. 경청은 대화의 기본 자세로서, 이야기를 잘 들을 수 있어야 상대방을 이해할 수 있다. 상대방의 얘기는 80%를 듣고 내 의견은 20%만 말하는 '80:20'의 원리가 대화에도 적용될 수 있다.

다섯째는 '타협(妥協)'의 원리이다. 타협은 윈윈(Win-Win)을 이루는 길이다. 저마다 자기 주장과 자기 입장만 고

디지털 인재의 조건

집할 것이 아니라 양보하고 협동할 수 있어야 한다. 마치 교향악단의 악기들이 각각 다른 소리를 가지고 있지만 조화와 협동을 통해 화음을 이루듯 타협을 통해 의미와 가치를 만들어 낼 수 있어야 한다.

기록

1795년, 조선 제22대 임금 정조(正祖)의 화성 행차는 조선 왕조를 통틀어 가장 장대하게 치러진 행사였다고 한다. 정조가 회갑을 맞이한 어머니 혜경궁홍씨(惠慶宮洪氏 : 惠嬪)를 모시고 회갑 잔치를 겸해 아버지 사도세자(莊獻世子 : 思悼世子)가 묻혀 있는 현륭원(顯隆園)에 다녀온 8일 동안의 여정은 『원행을묘정리의궤(園幸乙卯整理儀軌)』라는 책에 상세히 기록되어 있다. 이 책에는 당시의 궁중 의례뿐 아니라 행사에 참여한 노동자와 기술자의 이름과 주소, 실제로 한 일까지 상세히 기술되어 있어 감탄을 자아낼 정도로 높은 가치를 인정받고 있다.

우리는 잘 기록된 세계적 문화유산을 많이 가지고 있다. 대표적 사례인 『조선왕조실록』은 태조(太祖)부터 철종(哲宗)까지 25대 472년간의 정치, 외교, 경제, 군사, 법률 등 모든 분야의 역사적 사실이 망라된 세계적인 문화유산이다. 동시

 디지털 인재의 조건

에 나라의 크고 작은 일들을 상세하게 기록한 실로 방대한 노력의 산물이다. 정보경영, 지식경영이 국가와 기업의 경쟁력을 좌우하는 오늘날에도 기록의 습관은 정보의 입수, 분류, 축적, 가공, 전파, 공유, 그리고 새로운 정보와 지식 창출의 기초가 된다. 기록하는 습관은 다음과 같은 많은 이점을 가져다 준다.

첫째, 순간적인 아이디어를 놓치지 않고 기억할 수 있도록 해준다. 사람의 생각은 휘발성이 있어 기록해 두지 않으면 좋은 아이디어도 시간의 흐름과 함께 상실되기 쉽다. 아이디어를 메모하는 습관은 생각을 정리하고 체계화하는 중요한 도구가 된다. 둘째, 업무 관리를 위한 훌륭한 도구가 된다. 하루 일과 중 해야 할 일을 중요도 순서로 기록해 놓고 하나씩 순서대로 해 나가면 업무를 보다 효율적으로 처리할 수 있고, 스케줄도 효과적으로 관리할 수 있다. 셋째, 효과적인 의사 소통 도구가 될 수 있다. 다른 사람의 의견을 메모하면서 들으면 말하는 사람에게 신뢰감을 줄 수 있다. 뿐만 아니라 말하는 사람의 의사를 보다 정확히 파악해 의사 소통 중에 발생할 수 있는 오류를 최소화시키는 효과도 있다.

축적된 정보와 지식의 양 및 질은 기업과 개인의 운명을 좌우한다. 경험으로 얻어진 살아 있는 정보, 연구 기록, 실패와 성공의 기록 등은 돈으로도 살 수 없는 소중한 경쟁력의 원천인 것이다.

온고지신 溫故知新

　『논어(論語)』 '위정편(爲政篇)'을 보면 공자께서 '온고이 지신 가이위사의(溫故而知新 可以爲師矣)'라고 말씀하신 대목이 나온다. 이 말은 '옛 것을 익혀 새로운 것을 알면 가히 다른 사람의 스승이 될 수 있다.'라는 뜻으로, 흔히 줄여서 '온고지신(溫故知新)'이라고 한다.

　옛것을 숭상하는 상고주의(尚古主義)에 투철했던 공자는 최고의 정치가 온전히 행해진 때를 '요순시대'로 보았고, 가장 덕이 있는 군주로는 주(周)나라를 창건한 문왕(文王)과 그 아들 무왕(武王)을 꼽았으며, 가장 완성된 인격자로는 무왕의 아우 주공(周公)과 백이·숙제(伯夷叔齊)를 쳤다고 한다.

　공자는 이들의 언행을 본받음으로써 가장 이상적인 사회가 건설될 수 있다고 보았는데, 이는 제자 자장(子張)이 "지금으로부터 10대(代)가 지난 뒤의 일을 지금 내다볼 수 있겠습니까?"라고 질문한 데 대해 대답한 말에서도 알 수 있다.

디지털 인재의 조건

즉, 공자는 "주나라를 계승하는 왕조가 있다면 10대가 아니라 100대 후라도 대체적인 예측은 가능하며, 어제까지의 역사를 깊이 있게 연구하면 오늘은 물론 내일도 내다볼 수 있다."라고 말했던 것이다.

과학 기술의 혁신을 바탕으로 한 창조와 변혁의 소용돌이 속에서 전기, 비행기, TV, 반도체, 컴퓨터 등 많은 문명의 이기(利器)들이 발명되었다. 특히 20세기 후반부터 가속화된 정보 통신의 발전은 인류의 생활 방식과 문화를 송두리째 바꾸어 놓았다. 세상에서 변하지 않는 것은 '모든 것이 변한다'는 사실 외에는 없다는 말이 있을 정도로 변화란 우리의 일상생활이 되어 버렸다. 그리고 이러한 경향을 반영하듯 2002년에는 대중가요에서조차 '바꿔, 바꿔, 모든 걸 다 바꿔'라는 가사가 유행했다.

맞는 이야기이다. 상상하기 어려운 도전이 펼쳐질 미래를 맞이하는 마당에 기존의 성공과 아집에 사로잡혀 변화를 두려워한다면 우리가 바라는 밝은 미래를 꿈꾸기란 어려울 것이다.

하지만 잊지 말아야 할 것은 그러한 변화는 창조적 파괴를 수반해야 하며, 창조적 파괴란 옛것에 대한 정확한 이해에 바탕을 두고 있다는 점이다. 공자께서 말씀하신 '온고지신'의 가치가 바로 여기에 있다. 남의 스승이 될 사람은 고

전에 대한 박식(博識)만으로는 안 된다고 한다. 고전을 연구하되 거기서 현대나 미래에 적용할 수 있는 새로운 도리를 깨달아야 한다는 것이다. 그런 의미에서 우리는 과거를 존중하는(Honor the Past) 바탕 위에 미래를 그려야(Imagine the Future) 할 것이다.

제4부 차 한 잔의 이야기

미국의 시인 롱펠로우(Henry Wadsworth Longfellow)는 그의 명시 「인생송가(人生頌歌)」의 첫 구절에서 이렇게 말한다. "슬픈 목소리로 내게 말하지 마라, 인생은 다만 헛된 꿈에 지나지 않는다고."

어떤 통계에 의하면 사람들은 하루에도 수십 번씩 스스로에게 실존(實存)에 관한 질문을 던진다고 한다. 아무리 생각해도 변치 않는 것을 매일 생각하는 것이 인간의 본성인 듯하다. 롱펠로우는 시의 말미에서 인생의 의미를 적극적이고 분명하게 전하고 있다.

"이 세상 넓은 싸움터에서, 인생의 벌판에서, 말 못하고 쫓기는 이가 되지 말고 싸움터에 나선 영웅이 되어라. (중략) 위인들의 모든 생애가 말해 주노니, 우리도 장엄한 삶을 이룰 수 있고, 이 세상 떠날 때는 시간의 모래 위에 우리만의 발자국을 남길 수 있으리라. 아마도 훗날 어떤 이가 장엄한 삶의 바다를 항해하다 보게 될, 다시금 용기를 줄 수 있는 발자국을. 그러니 우리 이제 일어나 나아가자, 어떠한 운명도 이겨 낼 용기를 가지고. 끊임없이 성취하고 추구하면서."

한 번뿐인 인생, 과연 우리는 용기와 신념으로 가득 찬 획을 하나하나 그어 가고 있는가? 365일 어느 하루도 우리에게 소중하지 않은 날은 없다. 더 높은 열정과 도전 정신으로 우리의 꿈을 펼쳐 나가야 한다.

디지털 인재의 조건

나이

"김철호 영감님의 칠순 잔칫날이 1월 5일입니다. 마을 청년들은 와서 일을 도와주시고, 마을 어르신들은 오셔서 즐거운 시간 되세요."

"이번 노인회에서 논의한 안건에 대한 것인데, 우리 여행은 내년 봄에 가는 것으로 정해졌습니다. 회의에 참석하지 않으신 분들은 참고하세요."

"제1회 실버 온라인 바둑 대회(대표적인 정보 소외 계층인 만 55세 이상의 노인들 대상)를 실행함으로써 노인들이 인터넷 및 컴퓨터와 친숙해지는 계기를 마련하고… (하략)."

위의 내용은 '정보화 시범 마을(Cyber Village)'로 화제가 되고 있는 강원도 원주시 신림면 황둔, 송계리 마을 홈페이지(www.kwcv.or.kr) 내의 60~70대 노인 게시판에 실려 있는 글들이다.

이 마을의 심옥남 할머니는 도회지의 손주들과 이메일(email)을 주고받는 등 '인터넷 할머니' 라는 별명이 생길 정도로 인터넷에 심취하셨다고 한다. 이 할머니는 알파벳을 모르는 분이라 강사는 "이것(한 · 영 전환 키)을 누른 상태에서 'ㅈㅈㅈ'을 누르세요"하는 식으로 'www'를 입력하는 방법을 교육했다고 한다.

정보화가 어려운 오지 마을에서, 그것도 연세 드신 분들이 인터넷을 능숙하게 활용하고 있다는 사실은 놀라운 일이 아닐 수 없다. 이 홈페이지에는 마을 소개는 물론 마을에서 생산한 각종 농산물을 인터넷을 통해 제값 받고 거래할 수 있는 장터도 개설되어 소득 증대 효과도 있다고 하니, 마을 주민의 호응이 좋은 것은 당연하다 하겠다. 황둔, 송계리의 남한순 정보화추진위원장은 "황둔, 송계리가 산골 오지 마을에서 정보화의 최선두를 달리는 마을로 바뀌었으며, 인터넷을 통해 청정 농특산물 직거래 장터, 화상 대화, 정보 검색, 컴퓨터 게임 등으로 새로운 공동체가 형성되어 활력이 넘치는 마을로 새롭게 태어났다."고 말한다.

2003년 8월 현재 우리나라의 연령별 인터넷 이용자는 10대가 94%, 50대 이상이 10%로, 무려 84%의 격차를 보이고 있다. 그러나 108개 정보화 마을에는 그러한 격차가 없다.

평생 교육의 시대이다. "내가 이 나이에 무슨 인터넷?" 하는 어르신들이 주변에 계시다면 발 벗고 나서서 도와 드리자.

"인생에 주어진 의무는 다른 아무것도 없다네. 그저 행복하라는 한 가지 의무뿐. 우리는 행복하기 위해 세상에 왔지. 그런데도 사람들은 그다지 행복하지 못하다네. 그것은 사람들 스스로 행복을 만들지 않는 까닭. 인간은 선을 행하는 한 누구나 행복에 이르지. 스스로 행복하고 마음속에서 조화를 찾는 한, 그러니까 사랑을 하는 한. 사랑은 유일한 가르침, 세상이 우리에게 물려준 단 하나의 교훈이지. 모든 인간에게 세상에서 단 한 가지 중요한 것은 그의 가장 깊은 곳 그의 영혼, 그의 사랑하는 능력이라네. 보리죽을 떠먹든 맛있는 빵을 먹든, 누더기를 걸치든 보석을 휘감든, 사랑하는 능력이 살아 있는 한 세상은 순수한 영혼의 화음을 울렸고, 언제나 좋은 세상, 옳은 세상이었다네."

헤르만 헤세(Hermann Hesse)의 시 「행복해진다는 것」에서 일부 발췌한 것이다. 우리는 대부분의 시간을 일을 하면서,

또는 가족과 함께하면서 보낸다. 우리는 일하는 시간, 가족과 함께 있는 시간에 행복해야 한다. 동료나 가족과 함께하는 모든 순간들이 다 소중한 것이다. 동료애와 가족 사랑이 곧 우리의 행복이다.

"행복은 사랑하는 사람들과 함께 있고, 또 그들을 위해서 무언가를 해줄 수 있을 때 우리에게 다가옵니다."

소설 『가시고기』에서 백혈병을 앓는 어린 아들의 쾌유를 위해 모든 것을 던진 아버지의 참사랑이 우리의 가슴을 뭉클하게 한다.

　소설 『백경(白鯨, *Moby Dick*)』의 주인공인 선장 에이햅(Ahab)은 한쪽 다리에 고래 뼈로 만든 의족을 달고 있다. 잃어버린 한쪽 발은 '모비 딕'이라는 흰 고래에게 당한 것이다. 그래서 그는 항상 그놈을 잡아서 복수하고 말겠다는 집념으로 불탄다.

　마침내 망망대해에서 에이햅은 모비 딕을 발견한다. 모비 딕은 여러 차례 포경선에서 쏜 화살을 맞고도 죽지 않았고, 이번에도 흉악하게 배를 향해 돌진해 온다.

　첫날, 선원이 죽고 배가 부서진다. 이튿날도 선원들은 거대한 흰 고래를 감당하지 못해 또다시 배가 파손된다. 마지막 날, 화가 난 흰 고래는 모선을 향해 돌진한다. 배는 산산조각이 나 버린다.

　한 척밖에 남지 않은 배를 타고 선장 에이햅은 고래를 향해 돌진한다. 흰 고래의 급소에 작살을 꽂는 순간, 밧줄이 자신의 몸에 감겨 주인공도 바다 속으로 사라진다.

여기에서의 고래는 '대자연(大自然)'이다. 영혼이 깃든 자연이다. 소설 『백경』은 자연 앞에 도전하는 인간들에 관한 이야기이다. 인간의 무한한 도전 정신과 집념을 이토록 잘 표현한 소설도 없을 것이다. 집념은 사람의 능력보다 몇 배나 더 많은 일을 하게 만든다. 사람은 일하면서 행복하고, 성취하면서 만족한다.

『백경』에 이런 이야기가 나온다. 고래 중에서 불길한 고래를 잡으면 그 고래를 배 한쪽 끝에 매단다. 그래서 배의 균형이 기울면 균형을 잡기 위해 다른 고래를 잡아서 다른 한쪽에 매달아 배의 균형을 맞춘다. 고래잡이들의 미신이다. 작가 허먼 멜빌(Herman Melville)은 이렇게 말한다.

"고래잡이처럼 우리의 생각 한쪽에는 칸트(Immanuel Kant)의 머리를, 다른 한쪽에는 로크(John Locke, 근대 민주주의 사상가)의 머리를 매단다. 그렇게 자꾸 매달수록 우리의 생각은 바다 속으로 침몰한다. 그것들을 모두 떼어 낼 때, 배는 온전히 항해하게 된다."

무소유의 삶을 사는 법정(法頂) 스님은 가끔 절을 떠나 전기도 들어오지 않는 산골 외딴집에서 1~2년씩 홀로 지내며 홀가분하게 운수(雲水)[16]의 길을 간다. 종교로부터 자유로울 때 종교의 본질에 접근할 수 있다고 생각하시는 이 큰스님은 명동성당과도 상호 교류하고, 12월이 되면 길상사(吉祥寺)에 예수탄생을 축하하는 플래카드를 걸어 놓는다. 스님은 『무소유』라는 글에서, 애지중지 키우던 난(蘭)을 붕우(朋友)에게 선물하면서 아무 것도 갖지 않을 때 비로소 온 세상을 갖게 된다는 무소유의 역리(逆理)에 대해 이야기하고 있다.

진정으로 일에 몰두하는 길, 사랑에 빠지는 길, 참 의미에 몰입하는 길은 모두 자신을 비우는 데 있다. 우리가 하는 일에는 집중이 요구된다. 그러나 그럴수록 관행과 타성을 벗어나 마음을 비우는 지혜가 필요하다. 그래야 변화할 수 있고, 새로운 것을 받아들일 수 있으며, 자신의 성취가 자신이 속한 조직 및 회사가 추구하는 목적과 일치하게 된다. 결국 이것이 개인과 조직이 멈추지 않고 함께 발전해 나가는 길인 것이다.

2002년, 한반도는 '히딩크 신드롬'으로 온 나라가 뜨거웠다. 이 외국인 축구 감독 한 사람이 우리 사회에 끼친 영향은 실로 엄청난 것이었다. 가장 많은 한국인으로부터 사랑받은 외국인으로, 또한 우리의 가능성을 발견하도록 해준 영웅으로 두고두고 기억될 것이다.

그의 조국인 네덜란드는 동양, 특히 일본과 관계가 깊다. 일본은 도쿠가와 이에야스(德川家康) 이후 이어진 260여 년간의 에도막부(江戶幕府) 시대에 쇄국 정책으로 일관했다. 그러면서도 유일하게 네덜란드와는 통상 관계를 유지했다. 일본은 네덜란드를 통해 서양의 동향을 알 수 있었고, 네덜란드를 중심으로 서양 문화를 이해하는 난학(蘭學)을 통해 근세 서양관을 정립했다.

월드컵 결승전이 열렸던 요코하마는 바로 19세기 일본의 개항지였다. 이곳을 통해 일본은 근대화의 길을 열었다. 그러나 우리는 이제야 히딩크를 만났다. 그로 해서 우리는 세계화의 의미를 되새겼다. 그는 우리가 세계와 함께하고, 세계 속에 우리를 심게 한 사람이다.

막강 팀으로 다시 태어난 한국 팀의 특징은 한마디로 '토털 사커(Total Soccer)'라고 할 수 있다. 한국 선수 가운데 스타플레이어가 없는 점을 오히려 강점으로 바꾸어 놓았던 것이다. 모든 선수가 어떤 포지션을 맡아도 가능하도록 훈련시킴으로써 22명의 선수가 뛰는 것과 같은 효과를 꾀했다. 히딩크의 전략은 우리 민족성과 잘 맞아떨어졌다.

우리 민족은 한겨울 사랑방에 모여 짚을 꼬며 노변담화를 하다가도 모내기 철이 다가오면 온 마을이 하나가 되곤 했다. 겨우내 힘을 비축한 소는 힘차게 논을 갈고, 어른들은 논에 물을 대고 못자리를 만든다. 모를 심을 줄 모르는 아이들조차 못줄을 잡는다. 흥겨운 가락이 절로 나오고 모를 심는 선수도, 새참을 나르는 관객도 마침내 대동(大同)의 마음이 되고 만다.

우리의 저력은 대동의 열정과 근성으로 승화되어 이제 '붉은악마'로 다시 태어났다. '히딩크 신드롬'은 21세기를 열어 가는 '우리 민족의 하나됨'에 대한 재발견이다.

인연

　강원도 평창은 지대가 높아 여름에도 서늘한 곳이다. 이 지역을 지나다 보면 'Happy 700'이라는 입간판을 여기저기에서 보게 된다. '700'이라는 숫자는 평창군의 평균 해발이 700미터라는 뜻이다.

　예전의 평창은 고지대에 있어 모든 것이 불편했다. 하지만 그로 인해서 아름다운 자연을 그대로 보존할 수 있었고, 2010년 동계 올림픽 후보지로 세계의 주목을 끈 바 있다. 그래서 참으로 고마운 마음이 이 'Happy 700' 속에 담겨 있다.

　평창에서도 봉평면은 특히 이효석(李孝石)의 소설 『메밀꽃 필 무렵』의 무대로 잘 알려져 있다. 이 소설은 떠돌이 장돌뱅이 허생원이 '동이'라는 소년과 나누는 대화이다. 동이는 아버지가 누구인지도 모르고, 의붓아버지의 구박을 못 이겨 집을 뛰쳐나온 아이이다.

 디지털 인재의 조건

왼손잡이에 곰보인 허생원이 알고 있는 여인은 젊은 시절 꼭 한 번 물레방앗간에서 만났던 성서방네 처녀가 유일하다. 그 여인이 어디에 사는지 소식을 모른 채 가슴에만 간직하던 허생원은 동이가 자신처럼 왼손잡이인 것을 보고 혹시나 하는 상상을 키워 간다.

단순한 이야기이지만 소설의 배경이 메밀꽃 흐드러진 청정 지역 강원도 산골의 봉평이어서인지 너무나도 서정적이다.

"…한밤중을 지난 무렵인지 죽은 듯이 고요함 속에서 짐승 같은 달의 숨소리가 손에 잡힐 듯이 들리며, 콩 포기와 옥수수 잎사귀가 한층 달에 푸르게 젖었다. 산허리는 온통 메밀밭이어서 피기 시작한 꽃이 소금을 뿌린 듯이 흐뭇한 달빛에 숨이 막힐 지경이다…."

『메밀꽃 필 무렵』은 인간의 원초적인 욕망을 추하지 않은 아름다움으로 승화시킨 허생원의 동이에 대한 본연적 사랑을 담고 있는 감동적인 소설이다. 막연한 사이에서 출발하여 깊은 애정과 관심의 관계로 발전한 것은 어쩌면 깊은 인연일지도 모른다는 허생원의 상상 때문이었을 것이다.

우리나라, 우리 집, 우리 회사 등의 '한솥밥 식구들' 의 소중한 인연을 더욱더 뜨거운 동포애, 가족애, 동료애로 승화시켜 나가야 할 것이다.

자연

　오래 전 어떤 월간지에서 '천리포 수목원' 원장 민병갈 씨(미국 이름은 Carl Ferris Miller)에 대한 감동적인 기사를 읽었다. 민병갈 씨는 1945년 미국 해군 장교로 우리 나라에 왔다가 1979년에 귀화한 사람이다.

　그는 1962년 자신의 모든 재산을 털어 충남 태안군에 천리포 수목원을 조성했다. 1979년에 귀화하여 81세로 생을 마감할 때까지 그가 '수목원 조성'이라는 평생의 업을 결심하게 된 동기는 참으로 간단명료하다.

　"군용차 편으로 서울로 오는 2시간 동안 나는 한국의 기운을 온몸으로 느꼈다. 그것은 매우 신선하고 향기로우면서도 따뜻했다. 맑은 하늘과 온화한 기후, 순박한 대지 등 한국의 자연 모두가 나의 몸과 마음을 포근하게 감쌌다. 나의 눈에 스쳐 가는 야트막한 산과 평화로운 들녘도 정겹기만 했다. 특히 나의 시선을 끈 것은 옹기종기 군락을 이루고 있는 시골 마을의 초가집들이었다. 그로부터 세월이 50년 이상 흐른 지금까지도 나는 한국 땅을 처음 밟았을 때의 그 느낌을 잊지 못한다. 그것은 형언할 수 없는 의식의 세계에서 체험한 신비한 감동이었다. 이 감동을 어디엔가 옮겨 심고 싶었다."

천리포 수목원은 국내 수목원 중에서도 가장 많은 식물 자원을 보유하고 있고, 2000년에는 아시아에서 처음으로 세계수목협회로부터 '세계의 아름다운 수목원'으로 선정되기도 했다.

1979년에 한국으로 귀화할 때 자신의 본관(本貫)을 '펜실베이니아 민 씨'로 해 달라고 고집했던 이 독일계 미국인은 임종 전에 자신의 사업을 가리켜 '300년을 내다보고 한 일'이라고 고백했다. 인생을 건 18만 평 수목원을 '제2의 조국 한국에 바치는 마지막 선물'이라고 말하면서.

그는 히딩크와는 또 다르게 우리를 감동시킨 외국인, 아니 한국인이다. 장엄하지만 스스로 행복하게 살다 간 그의 기사를 읽으면서 어느 환경론자의 말이 떠올랐다.

"예술 작품에는 무엇인가 의도가 있고, 우리에게 그 무엇에 대해선가 말하고 있다. 그러나 구름은 우리에게 말을 건네긴 하지만 무엇을 믿으라고 요구하지 않는다. 자연은 한없이 풍요롭고 선하면서 우리에게 아무것도 강요하지 않는다. 자연과 더불을 때 우리는 완전히 자유롭다.”

소동파(蘇東坡)도 이렇게 읊었다.

“계성편시장광설溪聲便是長廣舌, 산색개비청정신山色豈
非淸淨身(계곡을 흐르는 물소리가 부처의 설법인데, 저 푸른 산이
어찌 법신 부처의 몸이 아니랴).”

가끔은 자연과 벗하면서 자연이 주는 아름다운 상상을 체
험해 보자. 자연은 사람에게 무한한 꿈을 주는 원대한 희망
이다.

2002년 TV에서 방영되었던 〈달려라 내 아들〉이라는 다큐멘터리가 책으로 출간되었다. 자폐증 아들을 둔 어머니의 감동적인 수기를 담은 책이다. 형진이는 4살 때 자폐증 진단을 받았다. 아주 간단한 사회 활동에도 적응하지 못하는 IQ 45인 아들. 그러나 어머니는 아들을 강하게 훈련시켰다.

처음에는 줄넘기부터 가르쳤다. 엎어지고 뒤뚱거리면서 시작했지만 마침내 줄넘기를 할 수 있게 되자 형진이 스스로도 자신이 해냈다는 사실에 놀랐다고 한다. 마치 듣지도, 말하지도, 보지도 못하던 헬렌 켈러(Helen Adams Keller)가 6살 때 '인형'이라는 단어의 의미를 깨닫고 암흑에 갇혔던 영혼이 눈뜬 것처럼 말이다.

달리기를 배우고, 맨발로 등산하면서 형진이는 달라졌다. 아들을 강하게 훈련시키는 어머니에게 사람들은 너무 독하다고, 계모 같다고 비난했다고 한다. 장애아를 아들로 둔 어머니의 마음을 누구도 이해할 수 없었던 것이다. 자신이 곁에 있어 주지 않으면 아들이 길거리에서 구걸하는 장애인으로 살아갈지도 모른다는 생각에 형진이 어머니는 이렇게 기도했다고 한다. "형진이가 저보다 하루 전에, 그렇지 않으면 저와 함께 죽게 해주소서…."

19살 형진이는 2002년 8월, 강원도 속초에서 열린 '아이언맨코리아 철인 삼종 경기'에 출전했다. 줄넘기도 못하던 형진이가 수영 3.8km, 사이클 180.2km, 마라톤 42.195km를 완주해 냈다. 보통 사람도 집요한 끈기와 자기 극복의 노력 없이는 해낼 수 없는 일을 자폐아 형진이가 해낸 것이다.

줄넘기로 시작한 형진이의 재활 교육은 닫혀 있는 내부 세계에서 외부로 향한 인식의 창을 열어 가는 과정이었다. 그 창을 열어 준 것은 다름 아닌 어머니의 사랑과 신뢰였다. '겨자씨만한 믿음이 산을 옮긴다'는 말처럼 어머니의 간절한 사랑과 믿음은 아들에게 삶의 의미를 찾아 주었고, 아들은 끊임없는 노력과 의지로 어머니의 사랑에 보답했다. 어머니의 극진한 사랑이 낳은, 참으로 감동적이고 위대한 인간 승리의 드라마라 하지 않을 수 없다.

　디지털 인재의 조건

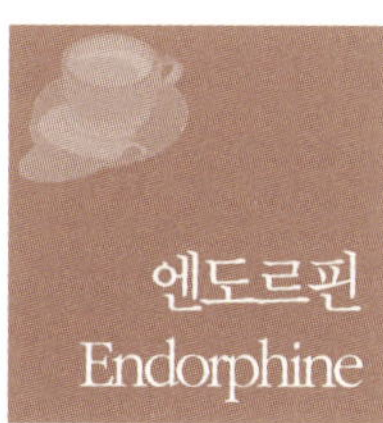

2003년 9월 28일, 또 하나의 인간 한계 돌파 기록이 나왔다. 베를린마라톤대회에서 케냐의 폴 터갓(34세)이 2시간 4분 55초를 기록하며 마의 2시간 5분대의 벽을 깬 것이다. 이런 기록을 내려면 100m를 17초 76에 주파해야 한다. 42.195km를 이처럼 빠르게 뛴다는 것은 인간 체력의 한계를 뛰어넘는 기적에 가까운 일이다. 일반인은 4시간대에 완주해도 좋은 성적이라고 하니 말이다.

우리 사회에도 건강에 대한 관심이 고조되면서 점차 달리기가 대중화되고 있다. 동호인 클럽이 만들어지고, 이른 아침 공원이나 산책로에서, 그리고 주말에는 강변과 도로에서 머리띠를 동여매고 달리는 사람들을 쉽게 볼 수 있다. 모두들 행복해 보인다.

달리기는 단지 체중을 빼거나 기록에 도전하기 위해서 하는 운동은 아니다. 달리다 보면 일체의 잡념이 없어지고, 운동 부족과 복잡한 도시 생활에 시달리는 심신을 건강하게 유지할 수 있다.

힘든 달리기를 통해 정신적 충만감을 느끼기도 한다. 이를 '러너스 하이(Runner's High)'라고 부른다. 마라톤을 통해 Runner's High를 맛보기까지는 오랜 훈련과 고통이 수반된다고 한다. 자기 자신과의 치열한 싸움이 없으면 완주할 수 없다. 이 때문에 마라톤은 '고독한 스포츠'로 불리기도 한다.

숨이 가빠 오고 다리에 통증을 느끼는 고통의 단계를 넘어서면 극도의 쾌감이나 명상의 고요함이 찾아온다고 한다. 어느 순간부터는 호흡도 안정되고 기분이 상쾌해지면서 무한정 달리고 싶은 욕구를 느끼게 된다는 것이다.

기쁘거나 웃을 때에도 엔도르핀이 발생하지만, 이렇게 힘든 상황에 처했을 때에도 엔도르핀이 만들어진다. 이는 신체가 견디기 힘든 극한 상황에 처했을 때, 통증을 제거하기 위해 몸에서 자연스럽게 분비되는 모르핀(Endogenous Morphine)인 것이다. 알 수 없는 인체의 신비에 놀랄 수밖에 없다.

인생 역시 스스로의 목표를 세우고 역경을 헤쳐 나가다 보면 무한한 기쁨이 찾아 드는 순간이 있다. 결코 성공의 정도 때문은 아닐 것이다. 최선을 다해 하나씩 달성해 냈다는

 디지털 인재의 조건

성취감 때문일 것이다.

2002년 아시안게임에서 동티모르의 여자 마라토너가 보여 준 투혼은 실로 놀라운 것이었다. 부상에도 불구하고 끝까지 뛰었던 것이다. 비록 꼴찌에 그치기는 했지만, 포기하지 않고 완주했다는 사실 하나만으로도 무한한 가치가 있는 것이기에 사람들은 박수갈채를 보냈던 것이리라.

한계에 도전함으로써 성취감과 더불어 찾아오는 인체의 환한 미소, 엔도르핀을 만나 보자.

오늘

아이들은 빨리 어른이 되었으면 좋겠다고 생각한다. 성인이 되면 많은 사람들이 "내일 하지…." 하며 할 일을 뒤로 미룬다. 노년에 이르면 대부분의 사람들은 "내 나이 10년만 젊었어도 정말 멋지게 다시 해볼텐데…."라고 되뇐다. 그러나 지난 뒤의 뉘우침이란 이미 늦다. 많은 사람들의 습성 가운데 비극적인 공통점은 바로 '현재로부터 도피'하려는 데 있다.

로마 시인 호레이스(Horace)는 이렇게 얘기했다.

"행복하리라, 홀로 있으면서도 오늘을 내 것이라고 말하는 사람이. 내일은 최악의 것일지라도 그것이 무엇이랴. 오늘 이토록 충실한 삶을 내가 누렸나니."

인생이란 생을 마칠 때까지 '반복되는 현재'를 살아가는 것이다. 매일 매일의 '오늘'에 충실해야 한다.

영국 의학자 윌리엄 오슬러(William Osler)는 장래 불안으로 고민에 빠졌던 의학도였다. 그러나 그는 "우리의 중대한 임무란 먼 곳에 있는 희미한 것을 찾는 게 아니라 분명히 곁에 있는 것을 실행하는 것이다"라는 칼라일(Thomas Carlyle)의 이야기를 접한 후 고민으로부터 벗어나 정진에 정진을 거듭했고, 존스홉킨스대학교(Johns Hopkins University)를 세운다.

오슬러는 이렇게 말했다. "과거를 폐쇄하라. 지난 일로서 과거를 매장하라. 미래 역시 과거와 마찬가지로 굳게 잠그어라. 미래라는 것은 바로 오늘이며, 우리에게 내일은 없는 것이다."

성공한 많은 사람들의 공통된 비결은 '현재에 살았던 것'이라고 한다. 오늘은 어떤 새로운 것이 나를 기다리고 있을까 하는 기대로 아침을 맞아 보자. '생동감 넘치는 오늘'을 맞이할 수 있을 것이다.

1971년 항공 사업에 참여한 미국의 사우스웨스트 항공사는 후발 업체라는 핸디캡을 극복하기 위해 기존의 항공사와는 전혀 다른 '단순함과 저비용'을 경영 방침으로 정했다.

사우스웨스트 사는 장거리 운항을 지양하고 전체 운항 노선의 80% 이상을 750마일 거리 이내에 취항하면서 평균 항공 요금을 85달러 수준으로 낮추어 고속버스나 철도와도 경쟁하고 있다. 아울러 시카고 오헤어(Chicago O'Hare) 공항, 뉴욕 JFK 공항과 같은 혼잡한 대형 공항을 피해 시내에서 가까운 소규모 공항을 이용함으로써 승객의 편의를 도모하는 한편, 항공기의 운행 횟수도 증가시켜 수익을 극대화시키고 있다.

또한, 단일 기종을 통해 비행기 구매 비용과 유지 관리비를 절감하고, 적극적인 온라인 예약을 활용해 예약 비용을 최소화했으며, 지정 좌석제 폐지를 비롯해 기내 서비스 간

소화를 통한 기내 승무원 수 감소 등의 저비용화를 꾀하였다. 여기에 승무원의 투철한 고객 서비스 정신과 함께 미국 항공사 중 최고의 정시 도착률로 고객의 선호도를 높이고 있다.

이와 같은 차별화 정책으로 말미암아 사우스웨스트 사는 연간 56억 달러의 매출액을 기록하며 미국 4위의 항공사로 성장했으며, 28년 연속 흑자 기록을 유지하고 있다. 또한 〈포춘(Fortune)〉이 선정한 2000년 '미국에서 가장 존경받는 기업' 및 '직장 선호' 순위에도 각각 4위에 올랐다.

사우스웨스트 항공사의 성공은 다음과 같이 항공산업의 본질을 이해하고 고객이 요구하는 가치를 창조할 수 있었기에 가능했다.

첫째, 사우스웨스트 항공사는 '신속한 여행 수단 제공'이라는 기본 가치를 유지하면서 파격적인 가격으로 소비자에게 예상 외의 가치도 제공했다. 요금이 비싸기 때문에 항공 여행을 포기하는 고객이 있을 것이라는 점에 착안해 자동차나 철도와도 경쟁할 만한 가격 전략으로 성공할 수 있었다.

둘째, 차별화된 자신만의 독특한 브랜드를 구축하여 고객에게 소망 가치를 제공할 수 있었다. 사우스웨스트 항공사는 언제 어디서나 예약이 가능하고, 가까운 공항을 통해 간편하게 이용할 수 있는 친근한 항공사라는 브랜드 이미지를 유지하고 있다. 실제로 사우스웨스트 항공사는 인터넷을 통해 단 몇 번의 마우스 클릭으로 예약이 가능하도록 시스템을 간소화시켰으며, 그 시스템은 2000년에 〈비즈니스위크(*Business Week*)〉가 선정한 'Web Smart 50'에 선정되기도 했다.

셋째, 사우스웨스트 사의 성공 뒤에는 고객 지향적 조직 문화가 있었다. 사우스웨스트 항공사에는 명문화된 기업 윤리 강령은 없지만, 모든 직원들이 자발적인 봉사와 서비스로 고객의 기대 가치를 만족시키고 있다.

사우스웨스트의 승무원들은 자유로운 캐주얼 차림으로 근무하는 것으로도 유명한데, 승무원들이 바쁘면 기장(機長)이 게이트에서 손님을 맞이하기도 하고, 발권 업무 담당자가 수화물 운반을 돕기도 한다.

9.11 테러 이후 수요 감소로 인해 대부분의 항공사가 고전하고 있다. 스위스에어(Swiss Airlines)는 파산했고, 유나이티드에어(United Airlines), US항공 등의 유수 항공사가 법정 관리에 들어가 있다. 이런 와중에 선전하고 있는 사우스웨스트, 이지제트(프라하−런던 간 요금이 최하 11유로에 불과) 등의 성공 이면에는 공통의 키워드가 있었다.

고객의 니즈(Needs)와 원츠(Wants), 숨겨져 있는 구매 의도를 이해하는 바탕 위에 펼쳐지는 '차별화된 고객 가치 창조' 야말로 기업 발전의 원동력이라 할 것이다.

춘추시대 진(晉)나라 평공(平公)이 하루는 기황양(祁黃洋)에게 물었다. "남양현(南陽縣) 현령(縣令) 자리가 비었는데, 누구를 보내는 것이 가장 좋겠는가?" 기황양은 주저하는 기색 없이 즉시 대답했다. "해호(解狐)를 보내면 반드시 임무를 훌륭히 수행할 것입니다." 평공은 깜짝 놀라며 물었다. "해호는 그대와 원수 사이가 아닌가? 어찌해서 해호를 추천하는가?" 기황양은 이렇게 대답하였다. "왕께서는 현령 자리에 누가 적임자인지를 물으셨지, 누가 신과 원수 사이인지를 묻지는 않으셨습니다." 이렇게 해서 임명된 해호는 임무를 성실히 수행했다.

그러던 어느 날, 평공이 다시 "조정에 법을 집행할 사람이 한 명 필요한데, 누구를 임명하는 것이 좋겠는가?" 하고 묻자 기황양은 서슴없이 자신의 아들인 기오(祁午)를 추천했다. 평공은 "그는 그대의 아들이 아닌가?" 하고 물었다. 그러나 이번에도 기황양의 대답은 똑같았다. 물론 기오는 법관으로서의 소임을 훌륭하게 완수했다.

이 이야기는 중국의 역사서인 『십팔사략(十八史略)』에 나오는 내용으로, 기황양을 매우 공평하며 사사로움이 없는 대공무사한 사람으로 칭송하고 있다.

'대공무사'는 부정 없는 깨끗한 조직을 유지하는 데 기초가 되는 마음가짐이다. 깨끗한 조직은 공사(公私)가 명확히 구분되고 원리 원칙이 존중될 때 지켜질 수 있다. '나 하나쯤이야', '이 정도쯤이야' 하는 소홀한 마음은 스스로를 도덕적 해이에 빠뜨리는 시발점이 될 수 있으므로 경계해야 한다. 또한 사심에서 비롯된 순간적인 판단 오류는 돌이킬 수 없는 오점을 남길 수 있다.

부정은 부당한 행위로서 회사에 누를 끼칠 뿐만 아니라 마땅히 해야 할 일을 태만히 하여 기회 손실을 발생시킨다. 무사주의로 말미암아 담당 업무를 효과적으로 수행하지 못한다면 업무 성과가 떨어지고 고객 관계를 악화시키거나 기업 경쟁력을 약화시키는 해악을 초래할 수 있는 것이다.

이제 아무리 유망한 기업이라 해도 부도덕한 행위나 사회적으로 지탄받는 행위는 결코 용납되지 않는 시대이다. 품질과 서비스와 가격으로 정당하게 경쟁하는 정도(正道) 경영을 더욱 생활화해야 할 것이다.

마이크로소프트의 빌 게이츠는 그의 저서 『빌게이츠@생각의 속도(*Business@ The Speed of Thought*)』에서 앞으로 다가올 10년 동안의 비즈니스가 지난 50년 동안의 그것보다 훨씬 더 많은 변화를 겪게 될 것이라고 전제한 후, 1980년대가 질(質)의 시대이고 1990년대가 리엔지니어링(Reengineering)의 시대였다면 2000년대는 스피드의 시대가 될 것이라고 역설했다. 비즈니스 모델과 경영 사이클이 매우 빠른 속도로 변화하고 있는 오늘날의 기업 환경에서 스피드의 중요성은 날로 커지고 있는 것이다.

물론 우리가 하는 일 중에는 합리적이고 체계적으로 기획해서 차근차근 순서를 밟아 나가야 할 과제들이 있다. 그런 것들은 충분한 정보를 수집하고 분석해서 기획한 다음 실행에 들어가야 한다. 그러나 어떤 과제들은 해야겠다는 생각이 들면 체계가 다소 떨어지더라도 곧바로 행동으로 옮겨야

한다. 경쟁 우위가 하루아침에 무너질 수도 있고, 하루아침
에 만들어질 수도 있는 인터넷 세상이기 때문이다.

따라서 우리에게는 '체계와 스피드의 조화'가 필요하다.
체계와 스피드의 조화란 체계를 무시하지 않되 스피드를 잃
지 않으려는 자세를 말하며, 보다 적극적으로는 스피드를 높
이기 위해서라면 어느 정도의 체계 부족까지도 감수하겠다
는 의지의 표명이라 하겠다. 이는 또한 일의 대소완급(大小
緩急)을 잘 분별하는 지혜와도 일맥상통한다고 할 수 있다.

기술과 환경을 포함하여 우리가 살고 있는 세상이 계속해
서 변하고 있기 때문에 우리가 해야 할 일에는 끝이 없다.
그러나 쓸 수 있는 자원은 제한되어 있어 모든 것을 한꺼번
에 다 할 수는 없다. 따라서 일의 대소완급을 잘 분별하고
체계와 스피드의 조화를 갖추는 것이야말로 오늘과 내일을
다르게 만들고 남과 차별화된 경쟁력을 갖는 지름길일 것이
다. 시스템적 사고에 입각해서 일을 체계적으로 수행하는
것은 물론 대단히 중요한 문제이지만, 결코 때를 놓치는 우
를 범해서는 안 된다.

중요 무형 문화재 제63호인 윤덕진 씨의 3대 150여 년에 걸친 '북쟁이' 집안 이력은 '갖바치'라 하여 온갖 천대를 받으며 가난과 역경 속에서 오로지 '감흥을 주는 북소리'를 위해 하나의 직업에 매진했던 장인 정신을 생생하게 보여주고 있다.

주위의 온갖 반대를 무릅쓰고 '북 만들기'에 전념한 윤덕진 씨는 그가 만들어 낸 2만여 개의 북 중에서 듣는 이를 감동시킬 수 있는 5000여 개만을 남겼는데, 현재 우리나라 유명 사찰에 있는 대부분의 법고(法鼓)가 그의 작품으로서 1986년의 아시안게임과 1988년의 올림픽게임 개막식에 등장했던 북 또한 그의 솜씨로 만들어진 작품이다.

직업 정신과 관련해서 영국의 비평가 토마스 칼라일은 '직업을 얻은 사람은 평생의 목적을 얻은 사람'이라고 말했다. 한 인간에게 있어서 직업이란 단순히 금전을 얻기 위한 수단이 아니라 자기 생애의 이상을 실천해 가는 소중한 디딤돌이라는 의미이다.

요즘 들어 많은 사람들이 '직장은 이제 평생 개념이 아니다. 얼마든지 바뀔 수 있다. 중요한 것은 평생 직장이 아니라 평생 직업이다.' 라는 생각을 하고 있는 것 같다. 개개인의 이상을 실천하는 과정으로서의 평생 직업은 참다운 '일 사랑' 을 통해 의미지어진다. 그리고 참다운 '일 사랑' 은 일 자체에 대한 열정은 물론 자신의 일터와 동료에 대한 애정 없이는 실현되기 어렵다. 기업 또한 모든 개개인이 즐거운 마음으로 능력을 십분 발휘할 수 있도록 열린 시스템과 밝은 조직 문화 구축에 최선을 다해야 할 것이다.

디지털 인재의 조건

　사회적으로는 국제 교역의 활성화로 문화 교류가 활발해지고, 기술적으로는 디지털 컨버전스 현상이 도래하면서 퓨전의 시대가 열리고 있다. 퓨전의 개념은 이제 기업 경영에도 활발하게 접목되고 있다. 퓨전경영은 결합·융합이라는 사전적 의미 그대로 다양한 경영 기법이나 트렌드를 결합해서 새로운 경영 모델을 만들어 나가는 것을 말한다.

　퓨전경영의 일례로 미국식 체인점을 일본의 독특한 문화에 접목시킨 세븐일레븐 재팬(Seven-Eleven Japan)을 들 수 있다. 이 회사는 미국의 세븐일레븐을 일본에 도입한 '이토 요카도(Ito-Yokado)'가 경영난에 봉착한 미국 본사를 인수한 것으로, 세간의 화제가 된 적이 있다.

　세븐일레븐 재팬은 고객들이 인터넷상에 카드 번호나 암호 입력하기를 꺼린다는 점에 착안해 인터넷에서 상품을 신청한 뒤 물건은 직접 와서 돈을 지불한 뒤 찾아가도록 했다.

그 결과 온라인 고객의 75%가 점포에서 물건을 찾아가는 방식으로 거래가 이루어졌으며, 점포 내의 현금 자동 입출금기를 이용해 예금을 입금 및 인출하고 인터넷으로 구매한 상품 대금을 지불할 수 있는 '결제 전문 은행' 서비스도 시작함으로써 성공적인 전자상거래의 거점을 마련하였고, 2003년 7월에는 점포 수 1만 개를 돌파했다.

퓨전경영은 이러한 동서양의 결합뿐 아니라 대기업과 벤처 기업의 조화에서도 찾아볼 수 있다. 최근 대기업들은 사내 벤처 조직이나 팀별 아이디어 회의 등을 통해 조직 체질을 바꾸고, 빠른 의사결정 체계와 수평적인 조직 문화를 이루어 가고 있다. 반면, 벤처 기업들은 자율성을 바탕으로 대기업의 장점인 탄탄한 관리 체계, 정보력과 인적 네트워크 등을 수용하고 있다.

모든 것이 뒤섞이는 융합의 시대를 맞아 타산지석의 경영이 광범위하게 펼쳐지고 있다. 환경 변화와 기술 발전의 추이를 눈여겨보며 타인이나 다른 기업의 장점을 폭넓게 수용하는 오픈 마인드와 유연성을 길러야 할 때이다.

디지털 인재의 조건

저력

　서기 660년 나(羅)·당(唐) 연합군에 의해 멸망한 백제의 왕족들이 일본으로 망명한 후, 찬란했던 백제 문화는 현재의 미야자키 현을 중심으로 그 맥을 이어 갔다고 한다. 그로부터 1400여 년이 흐른 2002년 5월, 아직도 백제 문화가 잘 보존되고 있는 미야자키 현에서 한국의 우수 IT 벤처 기업을 유치한다는 기쁜 소식을 접할 수 있었다.

　일찍이 담징(曇徵)은 고구려의 선진 미술을 전했으며, 백제의 아직기(阿直岐)와 왕인(王仁)은 한학을, 신라는 축제술(築堤術; 성과 제방을 쌓는 기술)과 조선술(造船術)을 각기 일본에 전수했었다. 이후 고려청자와 조선백자를 비롯한 우리의 도자기 문화 또한 일본으로 건네지는 등 과거의 우리는 일본에게 이른바 '스승'의 나라였다.

　하지만 산업화 시대에 이르러 이러한 상황은 역전되어 우리는 일본으로부터 많은 것을 배워야 했다. 산업혁명과 개

방의 물결에 제대로 대응하지 못했던 우리는 일방적인 '제
자'의 위치에 머물러 있었다.

그러나 얼마 전 일본 경제산업성에서 한국을 비롯한 동아
시아 9개국을 분석한 자료에 따르면, 과거와는 달리 한 · 일
간의 기술 격차는 현격히 좁혀진 것으로 나타났다. 전반적
으로는 일본을 100으로 볼 때 한국은 89.1로, 비교 대상 국
가 중 가장 격차가 작은 것으로 조사되었고, 정보화 분야에
서는 상당 부분 우리가 앞서고 있다. 또한 브라운관 · 모니
터 · ASIC 반도체 분야에서는 2005년경에 일본을 추월할 것
으로 전망하고 있다.

이러한 추세를 반영이라도 하듯 소니(Sony) 등 일본의 세
계적인 유수 기업들이 삼성전자 등 앞서 가는 한국 기업을
벤치마킹하려 하고 있다. 한국 경제에 대한 비판으로 유명
한 『국경 없는 세계(*The Borderless World*)』의 저자인 경제평
론가 오마에 겐이치(大前研一)조차 한국 기업이 도쿄 시부야
(澁谷)에서 개점한 PC방(Interpia)을 보고 내심 큰 충격을 받
았다고 한다. "PC방이 매우 훌륭했다. 한국에 이 같은 PC방
이 2만여 곳이나 있다는 사실 자체가 놀라울 뿐이다." 산업
사회와는 판이하게 다른 역전극이 펼쳐지고 있는 것이다.
머지않아 아시아를 넘어 전 세계를 호령하면서 지식 정보화
시대를 선도해 나갈 한국인의 저력에 갈채를 보낸다.

 디지털 인재의 조건

‘멀티잡(Multi-job)’의 시대가 열리고 있다. 한곳에 예속되기를 싫어하는 사람들은 프리랜서로서 일하기를 선호한다. 계란을 한 바구니에 담지 않는 시대가 된 것이다. 이러한 시대에 한 우물을 파라고 한다면 구시대적인 얘기가 아니냐고 반론을 펴는 사람도 있을 것이다.

그러나 시대가 아무리 변해도 우리는 한 우물을 파야 한다. 본인이 맡은 분야에서 최고의 프로답게 자부심을 가지고 일하고 공부하며 업(業)의 본질과 현장을 꿰뚫는 전문가가 되어야 한다. 이는 한 직장, 한 업무에 무작정 매달려야 한다는 것과는 전혀 다른 이야기이다. 그 누구도 따라올 수 없을 정도로 차별화되고 전문성이 있는 한 가지 직무 분야를 확고히 가져야 한다는 뜻이다.

어떤 사람들은 한 분야의 일을 오래 하면 재미도 없고, 매일 하는 일이 똑같아 더러는 질린다고 말한다. 그래서 직장을 쉽게 바꾸어 버린다. 한 번 이런 상황을 넘게 되면 악순환이 계속된다. 일하다가 싫증나거나 힘든 상황에 부딪히면 또 손을 놓아 버린다. 이러다 보니 절대로 깊이 있는 전문가가 되지 못한다. 고난을 극복하는 투지나 인내심도 배양되지 않는다.

하지만 한 업종에서 내로라하는 전문가가 된 사람은 동일 업종 내의 다른 직장, 또는 전혀 다른 업종으로 가더라도 몇 달 지나지 않아 최고의 전문가가 된다. 실제로 저자 역시 섬유 회사의 IT 매니저를 하다가 전자 회사로 옮겨 큰 어려움 없이 소임을 완수했던 경험을 가지고 있다.

더욱이 연륜이 쌓이고 직급이 올라가면 실제로 기술적인 부분을 다룰 기회는 점점 줄어드는 반면, 업종 또는 직무에 관한 전문성은 계속해서 깊이를 더해 가며 대단히 중요한 자산으로 축적된다. 과자 회사 나비스코(Nabisco)의 경영자였던 루이스 거스너(Louis V Gerstner Jr.)가 IBM의 명(名)경영자가 된 것을 보라. 한 업종에 오래 몸담고 정진한 전문가는 업무의 본질에 대한 이해와 경험을 바탕으로 나중에 컨설턴트가 되거나 경영자가 되거나, 업종에 관계없이 최고의 전문가로서 역량을 발휘할 수 있게 된다.

나중에 다른 직장에 취업을 해도 좋고, 업무 분야를 바꾸어도 좋고, 창업을 해도 좋다. 그러나 우선은 한 우물을 파라.

 디지털 인재의 조건

　오늘날 GE를 세계 최대의 기업으로 성장시킨 인물로서 세계에서 가장 존경받는 CEO 중 하나인 잭 웰치 회장의 '변화에 대한 뜨거운 열정'은 우리에게 많은 교훈을 주고 있다.

　잭 웰치가 1981년 GE 회장으로 취임했을 때, GE는 미국의 대표적인 대기업이었다. 무려 350개의 사업부를 바탕으로 미국 전 제조업 분야의 2/3 정도에 참여할 정도로 광범위한 사업 영역을 보유하고 있었다. 당시의 시각으로 볼 때 GE는 큰 문제가 없어 보였으나, 전통적인 저수익·저성장의 사업 구조로 인해 다가올 글로벌 경쟁 환경에서는 생존하기 힘든 상황이었다. 이때 잭 웰치는 '고쳐라, 매각하라, 아니면 폐쇄하라(Fix, Sell, or Close)'의 슬로건을 주창하며 개혁의 선두에서 과감한 변화를 주도했다.

　잭 웰치는 취임 후 20년간 항상 위기 의식을 가지고 부단하게 변화와 개혁을 추진하여 경쟁력이 없거나, 현재 큰 문제가 없더라도 향후 경쟁력을 상실할 가능성이 있는, 또한 미래 비전에 대한 열정이 없는 사업을 지속적으로 정리했다. '미국에서 가장 무자비한 10명의 경영자 중 1위', '중성자탄 잭(Neutron Jack)'이라고 불리는 등 일부 언론과 학계의 비난도 만만치 않았다. 그러나 뒤늦게 경영 철학을 이해하고 동참한 전 직원의 적극적인 협조를 바탕으로 결국 GE는 세계 초일류 기업으로 성장할 수 있게 된 것이다.

변화를 이야기할 때 사람들은 기본적으로 주저하게 마련이다. 그것은 과거와의 과감한 단절에 따르는 혼란에 대한 두려움 때문일 것이다. 또한 성공적인 업적을 올렸던 기업일수록 과거의 사업 구조나 일하는 방식, 가치관을 유지하려는 타성이 강한 것이 사실이다. 〈포춘〉 1000대 기업의 경우에도 변화를 통한 성공의 확률은 20%를 넘지 않고 있으며, 1980년대 초 과감한 개혁으로 크라이슬러(Chrysler) 사를 회생시킨 아이아코카(Lido Anthony Iacocca) 회장 역시 과거의 타성으로부터의 개혁에는 실패했다. 이처럼 변화란 매우 어렵고도 험난한 과정이다.

변화에 대한 주저와 타성으로의 회귀 모두 우리가 극복해야 할 대상이다. 변화를 통한 도약을 위해서는 두려움을 이겨 낼 수 있는 진정한 용기와, 타성으로부터 탈피하려는 부

 디지털 인재의 조건

단한 노력이 수반되어야 한다. 우리가 꿈꾸는 미래의 모습
은 이미 현재의 우리 모습 속에 모두 담겨 있다. 이제 우리
에게 남은 것은 실천뿐이다. 원대한 꿈을 위해 힘차게 전진
해 나가자.

진실의 순간

　'진실의 순간(Moment of Truth)'이란 스페인의 투우 용어인 'Moment De La Verdad'를 영어로 옮긴 것으로, 스웨덴의 마케팅 학자인 리처드 노먼(Richard Norman)이 처음 사용했다. 원래 이 말은 투우사가 소의 급소를 찌르는 순간을 말하는 것인데, '피하려 해도 피할 수 없는 순간', 또는 '실패가 허용되지 않는 매우 중요한 순간'을 의미한다.

　'진실의 순간'은 스칸디나비아 항공사의 사장인 얀 칼슨(Jan Carlzon)이 『*Moments of Truth*』라는 책을 펴낸 이후 널리 알려졌다. 조사 결과에 따르면 스칸디나비아 항공에서는 대략 한 해에 1000만 명의 고객이 각각 5명의 직원들과 접촉했으며, 1회 응대 시간은 평균 15초였다고 한다. 고객의 마음속에 1년에 5000만 번 회사의 인상을 새겨 넣게 된다는 것이다. 칼슨은 15초 동안의 짧은 순간 순간이 결국 스칸디나비아 항공의 전체 이미지를, 나아가 사업의 성공을 좌우

한다고 강조했다. '진실의 순간' 개념을 도입한 칼슨은 스칸디나비아 항공사를 불과 1년 만에 연 800만 달러의 적자로부터 7100만 달러의 흑자 경영으로 전환시키는 성과를 낼 수 있었다.

칼슨은 '진실의 순간'을 설명하기 위해 접시를 자주 예로 들었다. 만약 승객들이 자신이 사용하고 있는 접시가 지저분하다는 사실을 발견하게 되면 같은 순간에 그들이 탑승하고 있는 비행기가 불결하다고 느끼게 된다는 것이다.

'진실의 순간'은 고객과 접촉하는 모든 순간에 발생하며, 이 순간들이 하나하나 쌓여 나 자신과 회사에 대한 평가가 이루어진다. 개인적으로는 입사 면접, 선 보는 자리 등이 그러하고, 업무적으로는 고객과 접하게 되는 상담, 제안 설명회, 제품의 성능, 서비스 수준, 나아가서는 회사의 전화 안내, 홈페이지 등 직간접적인 모든 접촉 순간이 그러하다. 이렇게 인상(印象)이 각인되고, 전문성과 신뢰성 등을 평가받게 된다. 진실은 실로 눈 깜짝할 찰나에 전해지는 법이다.

직업 세계가 요동치고 있다. 세계적인 경제 불황 속에 실업률은 낮아질 줄 모르고, 도처에서 정리해고 바람이 불면서 평생 직장의 시대도 사라져 버린 지 오래이다. 이제 ‘오륙도’, ‘사오정’에 이어 ‘삼팔선’, ‘이태백’까지 등장했다.

사회 진출을 준비하는 젊은이들로서는 당혹스러운 일이 아닐 수 없다. 기회를 엿볼 시간을 가지기 위해 휴학을 하거나 대학원에 진학하는 등 새로운 풍조까지 대두되고 있다. 직장을 가지고 있는 사람들 중에도 40%가 실직에 대한 불안감으로, 30%가 업무에 대한 부담으로, 12%가 회사의 불투명한 전망 등으로 고민하고 있다고 한다. 실직에 대비한 활동을 고려한 적이 있는 경우도 76%나 된다는 조사 결과가 나왔다.

직업의 종류 또한 상당히 다양화되었다. 산업혁명 당시 400여 종에 불과했던 세계의 직업은 현재 5만 종을 상회하고 있고, 우리 나라도 40여 년 전에는 1000종밖에 안 되었던 것이 이제 2만 종을 넘어섰다. 산업 구조의 지속적인 변화로 1, 2차 산업 종사자의 비율은 계속 낮아지는 추세이다. 이에 더하여 정보 혁명은 아날로그 비즈니스를 뒤흔들면서 기존 직업의 쇠퇴와 함께 디지털 비즈니스를 창출하여 새로운 기업과 직업을 탄생시키고 있다.

창업 열풍도 날로 거세지고 있다. 산업 시대와 같이 많은 자본이 요구되는 시대도 아니다. 극소 규모의 기업, 1인 기업의 세계가 열리고 있는 것이다. 일하는 방식도 네트워크 사회에 맞추어 재택근무나 모바일 환경으로 변하고 있고, 한 직장에 안주하지 않는 프리랜서들의 유목민 형태의 직업도 계속해서 증가 추세를 보이고 있다.

성공의 잣대도 다양화되고 있다. 돈이나 출세에 큰 관심을 보이지 않는 사람들이 점차 늘고 있다. 사람들의 가치관과 직업관이 계속 변해 가고 있다는 증거일 것이다. 시대가 바뀌면 유망한 직종도, 사회가 요구하는 인재상도 달라지게 마련이다. 새 시대의 새로운 코드를 어떻게 읽고, 어떤 진로를 선택하고, 이를 위해 무엇을 해야 할 것인지에 대해 많은 것을 생각하고 준비해야 할 때이다. 미래는 준비하는 사람의 몫이기 때문이다.

다음은 2000년 5월 22일 미국의 시사 주간지 〈타임〉의

'비전21'이라는 특집 기사에 실린 글이다.

"현재 지구상에 존재하는 화이트칼라 직종의 90%가 10~15년 내에 사라질 것이다. 10년 후면 지금과 같은 형태의 대기업 근무나 정규직이라는 것은 더 이상 존재하지 않게 될 것이다. 현재 5살짜리 아이들이 자라 본격적인 사회 활동을 하게 될 때쯤이면 이들은 일생을 통해 5~6개의 상이한 직업에 종사하게 될 것이다."

높이 나는 새가 멀리 본다고 하던가. 새 시대를 준비하는 여러분 모두 원대한 포부를 가지고 꿈을 실천해 나가기를 바란다.

권하고 싶은 책

1. 『프로페셔널의 조건』, 피터 드러커 저, 이재규 역, 청림출판사, 2001.

2. 『잡노마드 사회』, 군둘라 엥리슈 저, 이미옥 역, 문예출판사, 2002.

3. 『프리에이전트의 시대가 오고 있다』, 다니엘 핑크 저, 석기용 역, 에코리브르, 2001.

4. 『직업혁명』, 해리 S. 덴트 저, 형선호 역, 매일경제신문사, 1997.

5. 『1인 기업가로 홀로서기』, 공병호 저, 21세기북스, 2003.

6. 『직업의 미래』, 찰스 그랜섬 저, 장호연 역, 미래의창, 2000.

7. 『인생에서 가장 소중한 것』, 하이럼 스미스 저, 김경섭/이경재 외 역, 김영사, 2002.

8. 『성철스님 시봉이야기』, 원택 저, 김영사, 2001.

9. 『카네기 인생론』, 데일 카네기 저, 윤성 역, 매일출판, 2001.

10. 『미래의 결단』, 피터 드러커 저, 이재규 역, 한국경제신문사, 1995.

11. 『빌게이츠@생각의 속도』, 빌 게이츠 저, 안진환 역, 청림출판, 1999.

12. 『맥킨지는 일하는 방식이 다르다』, 에단 라지엘 저, 이승주 외 역, 김영사, 1999.

13. 『아이 라이프』, 남궁석 저, 보임, 2000.

14. 『피터 드러커의 자기경영노트』, 피터 드러커 저, 이재규 역, 한국경제신문사, 2003.

15. 『아들아 머뭇거리기에는 인생이 너무 짧다 3』, 이원설/강헌구 공저, 한언, 2003.

16. 『7인의 베스트 CEO』, 제프리 크레임스 저, 김영안 역, 물푸레, 2003.

17. 『거리의 소멸 디지털 혁명』, 프랜시스 케언크로스 저, 홍석기 역, 세종서적, 1999.

18. 『인재전쟁』, 에드 마이클스/헬렌 핸드필드 존스/베스 액슬로드 공저, 최동석/김성수 공역, 세종서적, 2002.

19. 『제3의 물결』, 앨빈 토플러 저, 권오석 역, 홍신문화사, 1994.

20. 『Cybercorp: The New Business Revolution』, James Martin 저, Amacom, NY: 10019, 2003.

21. 『문화를 알면 경영전략이 선다』, 김중순 저, 일조각, 20010.

22. 『멘토: 성공으로 이끄는 자』, R. 이언 시모어 저, 강헌구 역, 씨앗을뿌리는사람, 2003.

23. 『물은 답을 알고 있다』, 에모토 마사루 저, 양억관 역, 나무심는 사람, 2002.

24. 『나는 희망의 증거가 되고 싶다』, 서진규 저, 북하우스, 1999.

25. 『백경』, 허먼 멜빌 저, 백승철 역, 하서출판사, 1999.

26. 『메밀꽃 필 무렵』, 이효석 저, 다림, 1999.

27. 『대기업병 – 그 실체와 치유방안』, 윤순봉 저, 삼성경제연구소,

 디지털 인재의 조건

1994.

28. 『사서오경: 동양철학의 이해』, 다케우찌 테루(竹內照夫) 저,
    이남희 역, 까치, 1994.

29. 『Leaders - The Strategies for Taking Charge』, Warren
    Bennis/Burt Nanus 공저, HarperBusiness, 1997.

30. 『변화의 충격』, 스탠 데이비스/크리스토퍼 메이어 공저, 김한영
    역, 씨앗을뿌리는사람, 2000.

1) 1999년에 '보다폰'과 '에어터치'가 합병되어 설립

2) 일본은 2002년 2월부터 벤처 기업에 한해 1엔으로 회사를 설립
할 수 있는 창업특례제도를 한시적으로 운영하고 있으며, 창업
활성화를 위해 2005년부터는 일반 기업도 1엔으로 주식회사를
설립할 수 있게 된다.

3) 국민은행 등 은행 4개, 삼성생명 등 보험사 3개, 제일제당, 제일
모직, 한진해운, 두산, 한화, 현대건설, 대림산업, LG전자, 기아
자동차

4) Booz, Allen and Hamilton 조사 자료

5) BIS 비율은 국제결제은행(Bank for International Settlements)이
규정한 자기자본비율로 금융 기관의 건전성을 판단하는 기준으
로, 자기자본을 대출, 보증 등의 위험 자산으로 나누어 100을 곱
한 지수. 은행의 경우 BIS 비율 0% 미만은 청산, 0~2%는 취득
승계, 2~4%는 강제 합병, 종금사의 경우 자기자본비율 45% 미
만 12개사 인가 취소

6) 14~16세기 유럽에서 등장한 용병(傭兵). '콘도티에리
(Condottieri)'로 불리다가 영국으로 넘어가서는 '자신의 의지로
창을 든 사람'이라는 의미로 사용되었다.

7) 30분 내에 배달을 못하는 경우 3달러 할인, 45분이 넘으면 무료

8) 초고속인터넷 가설 및 A/S 이행 시간을 못 지킬 경우 일정 요금
   감면

9) 주민등록 전입 5분 이내, 지방세 세목별 과세증명 10분 이내

10) 수확 체증의 법칙(Law of increasing returns): 초기 개발 비용에
   비해 현저하게 낮은 재생산 비용과 네트워크 효과에 의해 생산
   과 유통의 한계 비용이 무시될 수 있는 수준으로 낮아져 사업
   규모 확장에 따라 수익이 더욱더 증대되는 현상. 전통 경제학의
   '수확 체감의 법칙(Law of diminishing returns)'을 뒤집는 디지
   털 경제의 새로운 패러다임

11) 미국 동부에서 서부로 항공 여행을 할 때 보통 1500달러 내외가
   소요되나, 여기에서는 250달러에도 거래가 이루어진다.

12) 종이 원료의 비용은 150달러인 데 반해 CD는 1달러 50센트에
   지나지 않는다. 또한 복사 비용이 제로에 가까워 가격 면에서
   경쟁이 되지 않는다.

13) 완성 차 메이커의 경우 자동차 한 대당 368달러, 부품 업체는 자
   동차 한 대당 695달러 절약

14) 1999년 UNDP(국제연합개발계획)와 시스코가 가난, 질병, 기아
   퇴치를 위해 결성한 국제 시민 단체(연간 400만 달러 지원).

15) '포털(Portal)'의 본래 의미는 '무엇과 무엇을 이어 주는 연결 통
   로'인데, 인터넷 세상에서는 온갖 정보가 다 모여 있는 종합 정
   보 제공 센터를 뜻한다.

16) 구름과 물처럼 살아 움직인다는 의미의 수행자(修行者)

KI신서 556

세계 100대 IT리더 김홍기가 들려주는

디지털 인재의 조건

지은이 | 김홍기

1판 1쇄 발행 | 2001년 1월 9일
1판 7쇄 발행 | 2008년 5월 16일

펴낸이 | 김영곤
펴낸곳 | (주)북이십일 21세기북스
책임편집 | 박종운 · 김성수
영업 | 윤지환　마케팅 | 주명석
북디자인 | 씨오디

등록번호 | 제10-1965호
등록일자 | 2000년 5월 6일

주소 | 경기도 파주시 교하읍 문발리 파주출판단지 518-3(413-756)
전화 | (031)955-2100(대표)　팩스 | (031)955-2151
이메일 | book21@book21.co.kr
홈페이지 | book21.com　커뮤니티 | cafe.naver.com/21cbook

값 10,000원
ISBN 978-89-509-0622-1 13320
Copyright ⓒ 2003 by 김홍기

잘못 만들어진 책은 구입하신 서점에서 교환해 드립니다.